HR⁺数字化

人力资源管理认知升级与系统创新

马海刚 —— 著

中国人民大学出版社
·北 京·

序言

过去 30 年，信息技术犹如一场海啸，将人类从工业社会迅速带入数字社会，互联网企业和数字技术的发展成为中国数字经济创新发展的重要动力。我们知道，数字经济需要以消费互联网和产业互联网齐头并进的方式向前发展，但中国的产业互联网刚刚起步，亟须提升。互联网企业在此过程中扮演着至关重要的角色，拥有巨大的影响力。互联网企业必须明确自己的使命、责任与选择，确保这一轮技术革命真正惠及人类，实现数字社会福祉的最大化。

在数字化浪潮中，腾讯坚守“用户为本、科技向善”的企业价值观，扎根消费互联网，拥抱产业互联网，推动可持续社会价值创新和共同富裕的实践，以己之力助力数字中国的发展以及各行各业的转型和重构。

企业数字化转型进程，也深度影响着人力资源（HR）领域，全新的人力资源管理理念与先进的新兴科技碰撞、结合，激发了组织与人才管理领域更大的想象空间，HR 数字化转型已迫在眉睫。对不同企业而言，HR数字化程度天差地别，落后者该如何应对“危”与“机”，在此浪潮中迎头赶上，实现跨越阶梯式成长？领先者又该如何抓住“时”和“势”，不懈探索、持续领跑并坚持正确的方向？

在此背景下，这本《HR+数字化》应运而生。它植根于海刚在HR领域20多年的工作经验和腾讯HR岗位上10多年的一线实践，以及他基于激荡的转型变革时代对HR的深度理解和专业思考。HR数字化转型，最关键的是转变认知，海刚提出的“113模型”正是帮助企业提升HR数字化认知的有力工具。管理驱动与自主驱动相结合的“双引擎驱动理念”为寻找企业发展的内在驱动力开阔了视野，浓缩了HR的数据科学、数据工程以及产品化能力的“PA职能”帮助激发和释放HR的数据价值，前端解耦意识、中台聚能意识、智能协同意识为数字化转型如何进行系统顶层架构设计提供了启示。

希望不久的将来，随着HR在数字经济时代的主动求变、转型升级，越来越多具备产品思维、数据意识和端到端业务能力的HR总架构师能够崭露头角，越来越多丰富多样、关注人才个性化需求和激发员工动力的数字化场景应用产品能够涌现，创造更好的员工体验，助力组织活力的迸发，使中国的人力资源管理焕发光彩。

奚丹

腾讯集团高级副总裁、首席人才官

前言

2017年6月，中国人民大学出版社出版了我与彭剑锋教授及西楠博士联合撰写的《HR+三支柱》，当时的大背景是中国的人力资源管理正朝着人才队伍专业化、技术手段跨界升级以及HR组织模式转型等方向演进，如何建立既符合时代特征又能真正为公司战略实现及业务发展创造价值的人力资源管理体系，是很多企业家以及HR负责人一直在思考的问题。希望《HR+三支柱》能为中国的企业家和HR从业者带来触动及思考。如今，三支柱已经成为所有HR必谈话题，我想，这应该是时代在呼唤人力资源管理领域不断涌现更多具有创新精神的中国实践的缩影吧。

如果说《HR+三支柱》探索了中国企业人力资源管理组织转型升级这一重要主题，《HR+数字化》则探讨了中国企业人力资源管理的另一个十分重要而紧迫的主题。

在数字经济发展的大环境下，如何通过技术赋能未来人力资源管理？如何通过科技让人力资源管理更有温度？如何让人力资源管理适配数字经济大时代的发展趋势？中国的 HR 从业者带着对这些问题的思考，在不断实践和创新。非常幸运的是，我所任职的两家企业——华为和腾讯，都非常注重人力资源管理，持续在 HR 的组织模式和效能价值的探索上起引领作用，这样的重视和引领也是对我的强大驱动力，让我不断坚定一个信念，那就是中国的人力资源管理一定会在价值定位和实践产出上在全球创造出一些领先模式，这些领先模式会在全球开创未来人力资源管理的中国大时代。

于是就有了《HR+数字化》。中国企业不断探索适合中国国情的人力资源管理新组织模式，在中国数字经济发展的大环境下，人力资源管理需要在理念意识上不断升级，具备数字经济时代的新职能，这也是对中国人力资源管理即将引领时代的重要考验。《HR+数字化》落脚在 HR 数字化认知升级与实践创新，是我结合在腾讯推动 HR 数字化建设，以及不断总结和提炼当代优秀企业和众多人力资源管理引路者的 HR 数字化实践经验的产物。我认为 HR 数字化建设的首要事件，是对 HR 数字化的意识和认知的升级。我提出 HR 数字化认知需要了解 HR 的“一个新理念”，也就是管理驱动与自主驱动相结合的双引擎驱动理念，同时要具备 HR 的“一个新职能”，也就是浓缩了 HR

的数据科学、数据工程以及产品化能力的 PA 职能，另外还需要培养 HR 的“三个新意识”，也就是前端解耦意识、中台聚能意识、智能协同意识，以期利用这个新的“113 模型”，丰富 HR 数字化场景应用，夯实 HR 数字化能力基础，全面提升 HR 数字化的效能体验。

为中国人力资源管理跨入新时代助以微薄之力，是我的愿景，我希望通过文字记录来表达我对中国人力资源管理大时代到来的敬意和憧憬，也愿意通过文字记录下人力资源管理正处在跨时代升级中的特点，比如 HR 在员工体验端的科技化、服务化、产品化、市场化的趋势特征，以及 HR 的大共享、大平台、大数据、大生态的未来畅想。期待中国人力资源管理领域欣欣向荣，HR 新生态价值创造辉煌。

本书的写作参考了国内外不少期刊文章和著作，并得到了颜绿苑、顾正伟、王芊、杜琰、计良、白静、孙洪凤、孟盛、马维宁、盛颖、张娜、李德龙、胡泽重的支持和帮助，在引用期刊文章之处，我都会于参考文献中注明资料来源，但仍有一些资料来源疏于标明，在此向这些作者表示深深的敬意和由衷的感谢。

写工具类的书需要驱动力，说起我的动力源头，应该是带我初入人力资源管理职场的黄启珠女士，她是中国第一代企业管理咨询师，更是激情澎湃的中国管理模式探索的践行家；动力的发酵，则是华为与腾讯这两家伟大的公司以及公司内具有极强企业家精神和使命感精神的领导者带给我的；还有我的同行朋友和同事们，正是因为大家相互的学习和影响，才会让这种动力不断成长；当然，腾讯 HR 的伙伴们更是这种动力的催化剂，大家一起走出了一条非常不传统却可以引领时代的 HR 新道路；动力有时还需要强大的温情支撑，我的家人对我非常理解，还在书的行文、素材以及审核上给予了直接的帮助，他们是我更坚定挥洒精力的保障。此书，也是对以上所有人士的致敬！

目录

第三章

寻觅 HR 数字化的中国先行者

第四章

让 PA 成为数字化 HR 的新职能

第五章

前端解耦：丰富 HR 数字化场景应用

第六章

中台聚能：实现 HR 数字化能力保障

第七章

智能协同：提高 HR 数字化效能体验

第八章

中国企业推行 HR 数字化的挑战

第九章

数字经济时代 HR 的变与不变

01

第一章

数字经济时代也是HR的大时代

HR DIGITALIZATION MODE

在全球经济发展过程中，数字经济扮演着越来越重要的角色。产业数字化、智能化正在进入爆发期，以互联网、云计算、大数据、物联网、5G、AI（人工智能）为代表的数字技术为数字经济注入新动能，不断催生新的场景应用。数字化转型正在成为新的时代趋势。面对未来，客户、员工以及合作伙伴对企业提出了更高的期望，数字创新逐渐成为企业的常规行为。企业借助新的技术，重新定义与客户、员工以及合作伙伴的关系，促进业务模式创新、流程创新和体验创新。

外部环境的不确定性与内部经济转型发展，促使越来越多的企业开始从过去重规模、重资源的快速增长模式转变为以组织与人才力量推动的可持续增长模式。在未来很长一段时间里，组织效能提升都将成为HR（人力资源）乃至企业管理者的核心关注点。同时，技术的发展为组织效能提升与人力资源管理新理念提供了无限的可能。

数字经济时代各类新兴技术使得人力资源管理的各个领域都有了更大的想象空间。让全新的人力资源管理理念与先进的科技碰撞、结合，时机已然成熟。

数字化转型正在成为新的时代趋势，国内外各种规模的领先企业积极探索，试图通过灵活的技术应用，推动企业变革并融入数字经济时代，以创造更多价值。

数字经济时代的管理变局

埃森哲：重塑业务形态

埃森哲在 2019 年的技术展望报告中指出，在数字世界，企业和消费者同步在平行轨道之上。企业积极投入数字化转型的同时，消费者更加积极拥抱新技术，接受新技术的速度也越来越快。因此，消费者和员工在各个方面都对新技术有一定追求，对产品和服务也更加挑剔。这就需要企业采取多样化的合作和互动方式。在报告中，埃森哲重点介绍了数字化时代重塑业务形态的五大新兴趋势：DARQ 的力量、懂我经济、超级员工、生态安全共同体和专属市场。

“DARQ”是指下一代技术，即分布式账本技术（Distributed Ledgers）、人工智能（Artificial Intelligence）、扩展现实（Extended Reality）和量子计算（Quantum Computing）。DARQ 本质上是数字化的进阶，为企业带来更加强大的技术能力、差异化的客户体验、高效的运营以及新的商业模式。

“懂我经济”更多从消费者视角出发，试图以全新方式与消费者互动，分析消费者需求以提供个性化产品和服务，赢得消费者的信任。

“超级员工”泛指通过改变工作方式，激发员工创造力。一方面，企业提供有力支持，优化员工团队架构，打造良好的工作和学习氛围，帮助员工强化自身能力和知识储备；另一方面，企业提供技术帮助，让员工能够培育出新的能力。

“生态安全共同体”指与整个生态系统联合，打造一流的产品、服务和体验，共筑安全屏障。

“专属市场”指利用飞速发展的技术，打造一个高度个性化和即时体验的世界。企业通过重塑自身架构，将消费者市场的需求快速传递到生产端，实现精准的供需匹配。

IBM：数字化重塑方案

IBM 针对颠覆性数字化转型，构建了新的框架——以用户体验为中心来重塑企业建设的思路，并通过模式创新、市场激活、精准行动、敏捷运营、生态协同与组织赋能等六项核心能力的打造，形成“新的专业能力、新的关注点和新的工作方式”。这一方案框架，将互联网的最佳数字化实践整合到战略咨询方法论中。相对于“由外到内”的转型方式，这个框架试图从企业自身的特点和潜力出发，进行“由内而外”的转变，通过搭建业务平台帮助员工成为专业人才，让传统的流程转化成“认知型”工作流，配合企业推行人性化体验的落地等关键举措，进行业务的重新认知，让企业重塑核心价值，以更敏捷的方式应对未来各种各样的变化。

网飞：让员工像老板一样思考和做事

网飞是一个很好的案例。这家公司在 2020 年的市值已超过 2 500 亿美元，它的剧集风靡全球，拥有 1.93 亿付费订阅用户，还创造了美股涨幅最高的奇迹。但是，这家业绩如此耀眼的企业，竟然没有休假制度、没有差旅制度、没有经费和决策审批制度、没有追踪考核、没有绩效改进计划、没有 KPI（关键绩效指标）、没有 OKR（目标与关键成果），甚至没有工资级别、没有薪酬等级、没有绩效奖金……也正是由于如此不同寻常的管理原则，网飞深受员工追捧，在科技人才市场网站 Hired.com 的调查中，网飞被评为公司职员最想去工作的公司，击败了谷歌、特斯拉和苹果。

2020 年，网飞的 CEO 里德 · 哈斯廷斯写了一本书介绍网飞的管理理念，书名叫《不拘一格》（*No Rules Rules*）。这本书详细描述了里德 · 哈斯廷斯心目中优秀公司的特点，就是员工思考和做事的方式就像老板。这也是网飞之所以能够迅猛发展的一个非常重要的原因。在网飞创立伊始，哈斯廷斯就决心不再依靠流程和制度来约束员工，取而代之的是三个关键因素：人才密度、坦诚沟通、减少管控。

外界对于网飞的各种表述中，往往过度强调网飞文化中著名的“自由与责任”的前半句，也就是“自由”——赋予员工更多自由，最大化施展他们的才华，这意味着在管理上放权。哈斯廷斯却强调，不要迷失在“自由”的美好中而忽略了后半句的“责任”——让员工承担相应的企业责任。两者同样重要，构成了网飞管理机制的核心。

从网飞的管理理念中，我们可以发现，哈斯廷斯希望强调的企业治理模式是情景管理，而非控制管理。记得之前读过一篇关于字节跳动企业文化建设的文章，张一鸣提到了一条原则：“Context，not Control”，意思是通过情景管理而不是通过控制管理。这条原则最早的出处就是网飞。网飞还有这样一个价值观：“Highly Aligned and Loosely Coupled”，就是保持高度一致和松散耦合。

网飞文化的核心是“人才重于流程，创新高于效率，自由多于管控”，这三者环环相扣、互相促进，并通过三个阶段螺旋式提升。由于网飞从事的是创意类业务，所以需要充分释放每个人的潜能，让大家在不受束缚的情况下大胆创新并及时决策。

数字经济时代的特征

全球经济正在经历重大变革，大国博弈，开启了新的竞争格局；新冠肺炎疫情，催化了各行各业以数字化能力重塑核心优势。从供给看，AI、5G、云计算、区块链、大数据、物联网的应用逐渐成熟，新兴技术正在照进现实。应该说，无论企业主动选择与否，自己与客户、员工、合作伙伴的关系都在被重新定义。在数字经济的滚滚洪流中，率先觉醒者将以极大优势破局而出。

科技有重大突破

数字经济时代的一个重大特征在于技术的快速发展和突破。新兴的数字技术如移动互联网、物联网、云计算、大数据、VR/AR（虚拟现实 / 增强现实）、AI、区块链、量子计算 / 量子通信都取得了突破性的发展，这些新兴的数字技术对数字经济的支撑作用体现得越发明显。

以 5G 技术为例，它以大带宽、高速率、低时延等特性实现更安全可靠的网络连接，让万物互联成为可能，用户体验和感受也得到了较大的提升。在这个全新的时代，数据呈现爆炸性增长，用户对计算的需求显著增加，这直接推动云计算成为数字经济时代的新型信息基础设施，互无关联的组织可以用云计算共享算力、交换信息价值，实现产业协同。再比如，AI 的发展，带来了工作方式的智能化变革，语音识别、智能客服已在企业内外得到了广泛应用。利用 AI，能够更稳定、更高效地完成工作，甚至实现全流程自动化。

此外，这些数字技术的融合也加速了数字经济时代的进一步发展。数字创新的各种手段深入各行各业，推动企业构建数字化业务体验，实现生产方式的变革。

使用者广泛参与

对于使用者而言，随着数字经济时代的到来，人们的日常生活，从衣食住行到文化健康、从物质生活到精神生活，都开始通过新兴的数字化手段来解决。举个例子，智慧城市的场景应用，通过将新的数字化技术深度融入政府服务和城市应用服务中，把每个人、每个家庭和每个组织带入数字世界，数字经济成为全民参与、共创共建的全民工程。而在工作场景中，员工也在充分体验和感受数字化带来的变化。互联网高效协同、远程办公、智能客服等，让日常工作更加便利，也极大地提高了工作效率。

提供者有能力提供

在聚焦数字化这个大背景下，无论是政府、企业，还是其他组织，都在关注如何积极利用新兴技术带来的机遇，通过制定数字化战略，不断推进技术应用与延伸。一些新兴的 ICT[①] 基

① ICT 是信息（Information）、通信（Communication）和技术（Technology）三个英文单词的首字母组合。它是信息技术与通信技术相融合而形成的一个新概念和新技术领域。

础产业也在形成，云计算、手机应用与服务、移动互联网、数据分析与服务等逐渐成为最热门的基础产业。此外，数字化人才开始成为关注点，顶尖的数字人才成为推动数字技术进步的原动力。数字人才缺口明显，国家和企业对此类人才的重视程度和培养力度不断加强。

各行各业都在跨界和重构

数字革命正在驱动产业的跨界与重构，产业机会与风险并存。随着互联网的发展，云计算、大数据、AI 等数字技术的应用，以及创新活力、场景应用的潜能不断释放，数字经济已成为推动各行各业变革的关键动力。数字化趋势下，新经济领域形成“互联网金融、在线教育、在线医疗、新零售”等模式，应用层的数字化成为发展数字经济最大的驱动力；而在传统经济领域，应用层的数字化加速了产业重构的步伐，不断推进传统产业生态升级。

数字经济时代为管理带来新机遇

我们讲数字化转型的颠覆性趋势，落到企业层面，其核心是，通过新时代的技术手段应用和认知升级，推动企业变革，为企业创造更大的价值。因此，从人力资源管理的视角来看，数字经济有利于从根本上改变企业的运营方式，优化企业的内部资源，实现更敏锐的洞察，帮助企业解决业务问题，优化业务流程和用户体验，从而助推组织不断发展。对于多数还停留在 HR 信息化 1.0 阶段的中小企业而言，不仅要融入数字经济时代，实现数字化技术能力升级，也要从管理的角度提升数字化能力。

数字革命的大背景下，企业面临着更复杂和不确定的产业环境，同时也要面对更强的对手和更大的机会与风险。在这样的趋势下，企业的人才观、组织模式都会出现新变化。公司面临更为复杂的管理挑战，既要强化成熟业务，又要关注成长性和探索性业务。成熟业务需要持续优化、夯实；成长性业务和探索性业务需要结合其业务特点建立有效的管理体系。

人力资源管理面临的复杂环境和紧迫任务

数字化转型与企业的基因、企业文化、现有业务架构、组织人才体系、人力资源管理系统等都密切相关，单纯的技术驱动和局部的升级优化是远远不够的。2020 年 9 月，国务院国资委正式印发《关于加快推进国有企业数字化转型工作的通知》，开启了国有企业数字化转型的新篇章。但千万不要幻想有了数字化、信息化手段就能解决企业的所有问题。

中国企业 HR 数字化的现状调研

当前社会，各行各业都在跨界和重构，数字革命正在驱动产业的跨界与重构。组织与人才管理领域也不例外，出现了非常多的新趋势。企业发展更依赖优质人才的创新，企业的 HR 对外要加强全球新技术“优才”的获取，对内要实施队伍结构调整。在很多企业内部，差异化考核与激励“超优”和创新人才成为热点话题，构建人才创新机制、推动敏捷组织模式成为人力资源组织能力的重要体现。用组织数字化促进信息透明度与运作效率，推动组织边界不断开放，利用生态资源增强企业能力，提供人与机器共同创造的“增强劳动力”，这些成为人力资源管理新的价值贡献。

理想是美好的，但现实并不乐观。2020 年腾讯 HRSDC（人力资源共享交付中心）联合怡安翰威特公司做了一个市场调研。调研显示，大部分企业目前 HR 数字化处于信息化阶段，HR 数字化成熟度较高的行业以高科技与制造业为主，成熟度较低的企业主要来自地产行业。调研参与企业普遍认为自身的数字化意识以及对 HR 价值的定位清晰明确，但在支撑能力上，尤其是组织与技术能力上有所不足。

新时代员工占比较高的行业是地产与高科技。调研企业大多对员工自下而上的驱动关注较少，但新时代员工对自己认为有意义的工作表现出更强的意愿。

企业对 HR 数字化的主要价值目标定位为以智能化提升运营效率，以及用大数据支撑决策。超过 35% 的企业应用了 OKR 绩效管理、在线培训与知识共享、员工自助服务、招聘以及人员配置规划的数字化产品，而智慧决策、智能 HR 客服、人才画像、千人千面培训推荐等需要引进新技术或数据建模类产品，普及率仍然较低（不足 10%）。调研还发现，智能化人才盘点、数据看板、人才画像、人岗匹配的建设意愿旺盛。

“企业对 HR 系统的满意度”这一调研项目得分较低，只有 3.5 分（满分为 6 分）。不满意的模块集中体现在报表分析、绩效管理、核心人事以及共享服务。替换系统时性价比是企业最为关注的要素，成本、可配置性和可扩展性是企业在选择系统时主要的考虑维度。

调研中也有一些特别的发现，大部分企业对非核心模块的 SaaS 部署接受度较高，其中尤以高科技、制造、零售与消费品行业为主。近七成的企业认为用智能化设备进行数据收集是有效的方式，而最为缺失的是员工效能数据。

仅 9% 的企业有独立的人力资本数据分析团队负责数字化。对许多企业而言，HR 数字化是 HR 一把手的工作，数字化所需要的配套组织、相关岗位和产品型人才准备工作不够充分。企业对 HR 数字化团队及数字化能力的发展意识较弱。

尽管企业觉得 HR 数字化中组织能力分数较低，但计划对数字化人才进行甄选或培训的企业却不足一半。

综合调研的情况，可以让读者对中国企业 HR 数字化的现状有一个大概的了解。仅 3% 的企业位于数智化阶段，企业的

HR 数字化建设还不够成熟。56% 的企业已制定或正在制定 HR 数字化建设规划，企业的人力资源数字化意识较强。

市场上企业使用的 HR 系统分散，且普遍对系统的满意度低。40% 的企业打算新建或是更换 HR 系统，金融行业更换 HR 系统的意愿最强烈。企业使用的 HR 系统模块集中在核心人事、薪酬福利和组织结构等，仅 4% 的企业使用了智能应用技术。报表分析是目前企业最想要更换的模块，其次是绩效管理和薪酬福利模块。

企业对于智能化人才分析和智慧决策 / 风险预警的数字化产品应用较少，这是由于目前企业在 HR 数字化建设过程中面临三大挑战：在 HR 数字化方面缺少体系化的规划、缺乏数字化的人才以及数据管理难。

综合来看，“提升运营效率”“大数据支持决策，提升数据价值”“由上至下，加强组织管控，实现管理流程的标准化”是企业在 HR 数字化建设上的三大价值目标。企业准备建设的 HR 数字化产品与应用场景排在前三的分别是智能化人才盘点、数据看板和人才画像多维分析。智能化人才类产品和数据看板类产品是企业目前准备建设的重点。

组织与人才管理面临多重考验

数字经济时代的信息透明化使客户在需求与供给的博弈中

逐步占据主导，需方的个性化需求和更高服务体验需求要求供方提供更具创造力、更敏捷高效的产品和服务。以往的组织运作模式、资源整合方式等难以快速、个性化地适应新需求。

高新技术变革加速与企业效率提升之间的“剪刀差”是企业经营业绩提升的机会差距。缩小“剪刀差”的途径是让企业员工适应技术变革的速度提升。因此，持续学习能力、利用新技术创新的能力成为个体与企业打造竞争力的新关键。

企业人员结构更加多元化，90 后开始成为职场的主力军。“互联网一代”渴求的，不再是稳定可靠的饭碗，而是更宽松的创造环境、更自主的创造过程、更激动人心的创造意义、更新鲜的创造技能。

企业需要效能大幅提升

在当前大环境下，经济下行带来巨大压力，各行各业盈利空间缩小，企业的成本压力非常高。我们拿相同行业市场水平处于前 25% 的领先企业与市场水平处于后 25% 的末位企业做比较，会发现在同一个行业里，好企业是什么维度都做得好，不太好的企业真的是什么都不好，两者之间有非常大的差异。两类企业在内部管理中体现的组织效能，是产生这一差异的重要原因之一。对于 HR 来讲，组织效能的提升是极其重要的。在这样的命题下，提供有效的手段和工具来推动企业进行组织效能提升，成为 HR 的一项重要职责。

管理需要数据科学决策

当下各领域都很强调科学决策。在管理上，我们需要利用大量的数据才能进行科学决策。调研显示，有 95% 的企业使用了人力资源管理信息系统，但对这些管理信息系统的满意度却越来越低，原因就在于这些管理信息系统中的很多数据并不能用来辅助决策。尤其是一些结果性、结构性的数据，很难用于管理分析，更不用说去做管理决策，这就是当前大多数企业的现状。HR 怎样建设出行之有效的人力资源管理信息系统，让系统和数据成为管理有效决策的一种最佳辅助，这既是个问题，也是个挑战。

组织需要政策真正落地

从组织来看，在当前社会中，企业可以借鉴学者研究和标杆企业实践，去制定优秀的管理制度。但是这些企业的优秀管理制度需要通过管理干部来落地。统计数据发现，员工对制度是比较满意的，对执行制度的管理者的满意度却相对较低。怎样才能够让管理者具备一种能力和手段，把优秀的制度落到实处，让员工真正感受到企业优秀管理制度带来的价值，而不是让员工从不良管理行为中误解企业治理思路？这对人力资源管理提出了挑战：优化管理手段，有效提升管理能力。

员工需要自我激发

员工是需要自我激发的。当代职场年轻人越来越有个性和主见，越来越难被管理和影响，更关注自我感受和体验。基于此，很多企业 HR 部门以及外部咨询服务机构提出了让员工体验变好的口号。但很可惜，当下提到的大量员工体验是违背人性的触感体验。例如，我们通过虹膜密码、人脸识别技术去提高员工在考勤方面的体验感。这个体验感再好，是否能够激发员工对考勤的热情还不得而知。在这个过程中虽然利用了科学手段，却忽略了真正的人性思考。

真正地破除管控员工的本质思路，推动对员工的激发，这才是至关重要的。

简单管理，全面激发员工的内生动力，让员工具备活力，是当下以及未来企业获取更大组织效能的重要途径。HR 怎样才能通过更多的手段和工具，把员工对于工作的内生动力和活力激发出来？如果只是停留在简单的触感体验提升上，HR 就会丧失价值。

落到组织模式上，近年来，“平台＋业务团队”的敏捷组织模式盛行。在敏捷组织中，组织架构是扁平化的，整体可以从“前端＋后端”的视角来看。所谓的“前端”，即直接面向客户的精兵战队，由小团队组成，承担着端到端的交付责任，快速响应变化。为了组织目标的实现，小团队往往自发地做出一些跨职能跨界的行为，“前端”会得到充分授权，从而更自主地应对不确定性。“后端”则强调强大的平台支撑，比如阿里的战略中台、华为的铁三角以及海尔的平台化组织，通过整合内外部资源实现平台资源化、服务化，为前端提供开放资源支持。通过前端的服务和后端的平台支撑，达到“小而全”的闭环。这种模式通常通过虚拟团队组建，采用“项目制”的方式来实现运作，随着项目存在而存在，用透明的数据信息交互来实现高效协同，提升组织运作效率。

数字经济时代的发展打破了传统的组织边界，企业开始构建开放的生态型组织，更强调协同共生，生态资源成为企业能力的组成部分。这里提到的生态资源，还包括科技力量，比如 AI 正在成为企业的“增强劳动力”，企业内开始实现人与机器的协同。因此，迫切需要企业管理者更加深刻地理解生态型组织以及 AI 等科技力量对未来组织工作的影响。

华为人力资源管理纲要 2.0 的实践

华为通过 30 年持续的努力，从一个小公司发展成为全球最大的通信设备制造商，取得巨大的成功。但华为并没有满足，仍然在思考组织需要哪些新的发展愿景与更高的目标去适应未来的时代。在人力资源管理方面，如何持续激发员工与管理者的内在奋斗动力、如何更有效传承公司的核心价值观，是华为人力资源管理团队一直在思考的问题。尤其是在人力资源管理精细化程度逐渐加强的同时，不断提醒和预防企业内组织管理僵化和大企业病现象，成为华为人力资源管理长期坚持的工作。

华为担心企业取得阶段性成功后会出现一些不良特征：

第一，以客户为中心的意识可能会淡化。在传统业务领域，面对持续的商业成功及竞争态势的减弱，企业内部个别组织干部与员工在以客户为中心的意识、对客户的敬畏之心方面有可能出现淡化与消失现象。如果主管行权强势、考核结果应用过度，也会导致以领导为中心、唯上不唯实、唯 KPI 论英雄的现象。

第二，组织使命感及岗位敬畏感可能会下降。在公司取得阶段性商业成功、高度物质激励投入的情况下，组织氛围可能会出现两极化的负面效应。部分干部员工会出现因循守旧心态，怕犯错、不求进取，鼓励开拓、容错探索的勇气不足；部分干部员工会急于求成，过度包装价值呈现、浮夸晾晒业绩结果。这有可能会产生业务造假和乱作为的严重后果。

第三，组织可能会失去追求进一步发展的愿景和机制。大多数企业都有激励组织和员工、推动企业发展的愿景，但当企业取得阶段性成功之后，如果缺乏愿景升级、没有更高追求，未在业务发展目标与员工个体努力间形成使命连接，将无法激发员工持续的奋发拼搏行为。华为秉持“不让雷锋吃亏”以及“胜则举杯相庆，败则拼死相救”的激励牵引，让组织和员工保持了良好的奋斗精神和战斗力。但在当下，人力资源管理越来越细致和全面，有可能会导致考核与激励表现得过于短期化与精细化，如果不加注意，会削弱组织集体奋斗的战斗力，造成员工发展意愿不足、公司应对发展的资源配置不到位、整体业务发展速度达不到公司战略期望等问题。

第四，干部管理、干部队伍建设以及干部能力可能出现缺失。华为一贯强调管理干部在组织中的重要作用，通过30年的发展形成了非常完善的管理干部培养体系，培养出了非常多能打硬仗和胜仗的干部。但华为人力资源管理团队也清醒地认识到，随着组织复杂度越来越高，想要让所有管理干部保持艰苦创业时期的使命感、责任感以及求真务实的工作作风，是非常困难的。管理干部个人能力提升有可能跟不上业务快速变化的需求。缺乏使命感与责任感、不敢主动担责和大胆行权、形式主义和官僚主义等大企业通病有可能会在部分干部身上出现。对于那些满足于经验管理、教条执行，热衷于内部和对上沟通，满足于已有成绩、患得患失，不愿打破舒适区、主动开拓新业务意愿淡化的干部，华为提出必须通过干部流动、能上能下等手段来加强管理，让干部业务能力能够与时俱进，以适应日益变化的内外业务环境。

第五，员工队伍老化与结构管理失衡。华为认为，自身人才内外与周边流动机制需要非常畅通，面对业务动态变化加剧的趋势，需要组织有能力快速疏导冗余人员，转换上岗机制，避免出现收缩部门资源送不出、调整慢，扩张部门资源却来不了、供不上。另外需要在企业中建立起员工群体主动的新陈代谢机制，保持队伍活力。尤其是数字经济时代，所有企业都应该主动推进自身人才队伍结构的系统性调整，主动升级与转换企业员工队伍的知识与技能结构、成本与年龄结构，以适应商业模式新形态、商业竞争新态势。

第六，规章制度的僵化可能造成官僚组织。人力资源管理在规章制度上越来越精细化和体系化，这是规范管理的必然结果，但也需要避免僵化的规章制度造成官僚组织，组织队形变化跟不上业务变化的速度。过度厚重的过程管控和过于复杂的责权分配将会影响组织价值创造的能动性与运作效率。华为认为组织人均效率提升不能过于依赖指标约束，需要强有力的机制来牵引效能与企业战略的配套，比如成熟业务应该主动高效地释放冗余资源，并能让这些资源及时向新业务动态转移，而成长业务与新业务需要有更简单自主的管理逻辑，不能被管控过度，更不能为了慎重而设计程序复杂的审批程序。组织管理的目的是激发组织效能，为一线作战力量创造积极性与能动性，应该避免组织内职能碎片化、多头管理、过度管理等导致组织低效、运作成本高，以及组织间相互不信任等问题。

第七，人力资源管理中出现僵化强势、机械教条等问题。人力资源管理队伍自身建设也需要不断加强，尤其是当下数字经济时代，解决如何能配套好业务需求，而不是滞后于业务发展，如何避免在日常各项人力资源管理中可能出现的僵化强势、机械教条等问题，需要创新性地提升 HR 人员能力水平和管理手段。面对差异化的组织形态、资源投入与考核激励等管理方面，应该越来越个性化地进行方案设计；在不同类人才的任用、评价与激励等方面，应该越来越差异化地进行人员管理。

华为的人力资源管理理念和实践是国内公认的标杆，但华为在成功发展 30 年后，仍然在其“人力资源管理纲要 2.0”中非常尖锐地提到了人力资源管理可能面临的问题。从这些尖锐的问题中不难看出，人力资源管理面临着巨大的挑战。

在应对举措中，华为将人力资源管理价值定位在需要持续激发组织的内在奋斗动力。在人力资源管理工作中，强调考核和激励更加长效化多样化，持续牵引组织的战斗力，同时，人力资源管理需要持续激发管理干部的自驱力，对员工队伍不断进行结构性优化，提升组织创造力和运作效率。这也要求在人力资源管理队伍建设上加速提升能力意识和认识水平。另外，“人力资源管理纲要 2.0”也为华为通过连接器思维实现 HR 大平台加小前端的 WeLink-HR 数字化时代转型奠定思想基础，本书第三章将对此展开阐述。

HR 数字化认知重塑

在数字经济时代，如何通过人力资源管理实现员工转型，是很多企业在人才管理重塑方面面临的挑战。组织行为学里有个概念："工作重塑"[①]。它指的是员工通过自己对工作进行重新建构进而获得工作认同以及工作角色的过程。通过工作重塑，员工能够获得较高的工作满意度和幸福感，组织也将收获高组织绩效、高情感承诺和高工作投入。

从咨询公司对数字经济时代管理框架的重塑，以及先进企业推动HR转型变革的实践经验中，我们能看到共性之处，数字化转型成为人力资源管理与企业共同面对的一致挑战，把握数字化转型将成为人力资源管理突破发展掣肘的关键，HR 数字化的建设可以实现 HR 从理念到工具的全方位发展。对于国内的企业来说，企业对 HR 的数字化转型不再是循序渐进的，而是跨越式发展。数字化转型这一颠覆性趋势，可以为企业创造巨大机遇，同时也是 HR 体现价值、进入大发展时期的巨大机遇。

---

① 工作重塑（Job Crafting），2001 年由耶鲁大学教授艾米·弗泽斯涅夫斯基和密歇根大学教授简·达顿提出。工作重塑的核心目的是员工对其工作进行再设计以获得较高的工作意义感、工作投入以及工作满意度等。

人力资源管理的数字化水平等级

新一代信息技术是推动生产力革命的关键力量，技术与业务的融合创新驱动产业、组织和商业模式深刻变革，这将推动生产力迈向创新发展的新阶段。企业在此洪流下想要继续生存和发展，必须完成复杂艰巨的系统性变革。称其为系统性变革，是因为这个变革不仅要在行之有效的体系架构上做好基础建设，更要在理论上实现适应信息时代发展规律的系统化创新与升级。

企业的数字化，就是需要深化应用云计算、大数据、物联网、AI、区块链等新技术，激发数据要素，创新性挖掘企业自身驱动力的潜能，加速业务优化升级和创新转型，提升企业在数字经济时代的生存和发展能力。

企业的数字化，其根本任务是激发企业价值创造体系的新动能，在此过程中，人力资源管理越来越重要，因为中国企业逐步认识到人才是企业价值创造体系中的重要因素，充分撬动组织活力、释放人才的创造力，将是企业价值创造体系中非常重要的新动能。当然，这样的人力资源管理需要不断洞察组织和人才新特性，形成轻量化、协同化、社会化的 HR 业务管理新模式，通过动态挖掘和响应用户个性化需求，来获取更多效率提升的手段，开辟企业新的价值创造增长空间。在人力资源业务拓展过程中，要不断发现价值数据、有效管理数据，通过数据挖掘和数据产品应用，实现数据驱动管理决策这一目标。

企业的数字化，映射在企业人力资源管理中，一方面，推动了 HR 的理念升级，即为企业进行人才资源的价值创造；另一方面，也推动了 HR 的业务升级，使 HR 拥有更多元更开放的管理手段。把这两个方面结合到一起，可以将数字化人力资源管理按成熟度的不同而划分出五种进阶水平（如图 1-1 所示）。

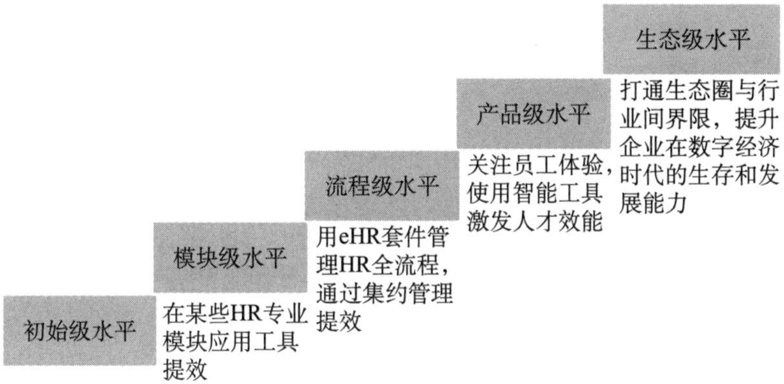

图 1-1　数字化人力资源管理水平进阶模型

HR 数字化的初始级水平

企业人力资源管理初步应用 OA（办公自动化）及 Excel 等工具，开展 HR 数据的获取、加工和应用，但还不能有效支持企业价值创造体系的优化。企业采用的仍然是经验驱动的管理方式，在管理理念和业务创新上还没有明确思路。

HR 数字化的模块级水平

企业人力资源管理已在 HR 的一些专业模块深度应用信息技术，驱动与业务配套的组织效能的提升，特别是在招聘和薪酬核算领域，发挥系统和数据作为信息沟通媒介的作用，提高企业选人用人的效率，以及通过薪酬核算提升人力成本的资源配置效率。体现出来的特征是强化 HR 的重要职能，通过职能细分加强管理，在部分领域实现 eHR 系统工具与 HR 业务的融合。

HR 数字化的流程级水平

企业重视人力资源管理的系统性和体系性，希望发挥集约化管理的效能价值，通过大型 eHR 套装软件的实施，提升跨部门、跨业务环节各流程间的信息透明度和决策链条审批效率，提升 HR 业务流程的集成融合水平和资源配置效率，以期实现管理意图的高效执行。人力资源管理也通过自身的流程化特性，推动企业实现流程驱动型管理，向管理要效益。

HR 数字化的产品级水平

人力资源管理在理念和定位上已发生质变，认为企业真正实现持续成功的根本，是组织与人才资源在理念或实践上均能够领先时代半步。在这个过程中，推动组织与人才资源建设的人力资源管理价值被赋予了新的定位，那就是通过持续打造最匹配战略的组织，吸引、保留和发展优秀人才，助力业务成功和员工成长，确保员工成为公司战略落地可信赖的合作伙伴。要为企业持续成功创造资源价值，就必须要求企业基于人力资源管理建设一个开放的、能够激发组织及员工自身驱动力和创造力的产品化平台，数据将是这个产品化平台运转中的核心要素，数据驱动型的管理方式也会推动企业业务模式不断创新。

HR 数字化的生态级水平

人力资源管理就是不断地为企业持续成功创造资源价值，在助力业务成功和员工成长过程中，能够基于生态圈和行业间数据的智能获取、开发和利用，以及丰富多彩的 HR 产品工具和数据应用，实现价值智能化在线交换，提升生态圈和 HR 行业的智能化价值创造能力和资源综合利用水平，帮助企业实现跨界的能力准备，推动企业进入智能驱动管理决策和业务实现的阶段，真正提升企业在数字经济时代的生存和发展能力。

可见，HR 数字化认知能力的提升，是企业数字化转型成功的重要保障。HR 应该将激发企业价值创造体系的新动能作为人力资源管理的新理念。另外，HR 要视数据为新的重要生产因素，深入挖掘数据价值，做好适应未来的 HR 业务系统顶层架构设计，通过前端解耦、中台聚能、智能协同的创新性系统解决方案，让组织效能的提升和个体创造力的激发融合互促。最后，通过强化资源和能力开放共享，强化跨组织协同创新，通过共建互利共赢开放价值生态，让企业跨出自身发展边界，在数字经济时代生存发展的压力下产生更强的组织能力适应性。

HR 数字化可以实现跨越式进阶

在数字经济时代，以互联网为代表的平台型组织模式在不断发展，传统企业也在加速应用技术推动创新转型，新生代的职场人更加追求工作的意义和个人成长、更期待发挥个体的创造性，因此，企业人力资源管理需要重新审视以下问题：如何从管理员工转变为激励员工，应对未来业务发展的需要？从人力资源管理的视角看，数字化 HR 的转型，在人才管理方面，可以借用数字化技术，精准选人，高效开发人的潜能，并创新工作体验，激发员工的工作投入，让组织的每个人都能够成为价值创造者。

落在具体的举措上，一是通过机制升级，弱化流程管理机制，关注员工属性，引导员工的自主性；二是组织文化升级，打造开放包容、尊重个性的组织氛围，减少对员工的限制和约束，充分发挥其创造性；三是员工服务场景化体验升级，让员工在工作中能够得到全面的关怀和有温度的体验，把员工当成客户，将人才服务产品化，让员工有参与感。

面对数字化对人力资源管理的影响，企业、组织、管理者、员工都迫切需要 HR 提供好办法、好工具。从现状来看，只体现管控意志的人力资源管理策略没有办法真的激发员工、管理者和组织的自驱性，很难在未来实现价值创造。

目前有非常多的技术理念可以应用到 HR 领域，比如卷积神经网络算法模型已充分应用在人才的识别、招聘以及干部的选拔上。HR 在技术领域的储备还是非常丰厚的。

同时，HR 三支柱的理论和实践也推动了人力资本增值价值链的发展，使企业人力资源的生态系统更加开放，价值链接与价值创造的空间更为广阔。HR 三支柱对内来讲，是对接战略、支撑业务、服务员工的一整套人力资源管理系统。对外来讲，组织不是封闭的，通过 HR 三支柱，特别是人力资源管理的平台化，引入以激发员工为核心的数字化产品，链接各种社会资源，人力资源管理构建了一张基于生态的人力资源管理价值创造网。人力资源管理价值创造超越企业的边界，甚至超越产业的边界，真正打通了企业、社会与人三者的关系，让人力资源管理的价值创造跟整个社会融为一体。

HR 把产品和服务作为实现管理意图的载体，是一个比较有价值的举措。通过需求洞察与调研分析，让 HR 做到“懂用户”，并根据对用户需求的理解，进行产品化解决方案设计，最后对解决方案进行价值评估，不断促进产品优化、升级和完善，用受欢迎的产品支持对人力资源管理的诉求，从而更好地为用户带来价值。

以腾讯的人力资源产品为例，腾讯 HR 从用户视角出发，通过用户研究，捕捉员工核心关注点，在解决方案的实现上，利用数字化的手段打造智能友好的员工服务，以场景化的思路来构建产品能力。此外，在整个过程中，腾讯 HR 关注的不仅仅是内部的员工体验，而且是以行业应用的标准来进行自我升级与迭代，以期更好地融入数字化的行业趋势。

腾讯 HR 助手凝聚了腾讯内部管理的思想和实践，腾讯战略投资的一些公司了解到这个产品之后，非常希望腾讯 HR 助手能市场化，供自己使用。现在，腾讯 HR 助手已上架企业微信，腾讯生态企业能用，其他企业也可以低成本即开即用。以云评估为例。这个产品是一套成熟的 360 度领导力评估体系，腾讯投资公司的 HR 从系统中选择模板，导入本企业的领导力模型或者管理者胜任素质模型，并且导入企业文化、绩效目标来构建问卷。HR 对某一评估周期发起操作，这个操作可以在 PC 端完成，也可以在手机端完成。产品会自动跟踪评估、回收问卷、分析出结果，形成含有各角色综合对比分析的个人综合报告。该产品大大节约了接入企业构建整套评估系统的成本，具有很高的性价比。开放的人力资本的生态共享，意味着无论是组织与个人，还是组织与组织，都将实现链接，推动人力资源服务更加容易获取和更加灵活。未来，组织内外也将涌现出大量的跨界合作，不同的主体之间的界限日益模糊，最终实现人力资源管理的价值共同创造。

在数字经济时代有可能出现的一种情况是，在 HR 数字化进程中，不再一步一步阶梯式地缓慢成长，而是能够跨越式地推进。为什么？因为人力资源管理产品化的技术在不断进步，类似腾讯 HR 助手，轻量级、低成本、插件式的 HR 产品不断涌现出来，能够让企业 HR 数字化实现跨越式成长。

腾讯 HR 助手产品的成功，得益于背后的管理理念。腾讯认为，数字经济时代管理上的新属性与新挑战，要求注重员工的自驱力，不断培养和激发员工的自驱力，这样才有可能让企业保持组织活力，提升组织创造力。HR 数字化的成功应该体现在管理理念的升级上，通过管理理念升级带给企业一种新的驱动模式，不是什么事情都要依靠老板来驱动，也要依靠员工来驱动。老板和员工双引擎一起驱动，才能让企业发展得更快、更稳健。

用“113 模型”提升 HR 数字化认知

数字经济时代快速发展的趋势下，人力资源管理要更加面向未来，努力探索新的模式，实现破局。

本书将通过九个篇章，细致介绍数字经济时代如何让 HR 在理念意识上升级到 HR 数字化阶段，并通过一个“113 模型”（如图 1-2 所示）详细介绍 HR 的数字化认知，包括要了解 HR 的一个新理念（双引擎驱动），具备 HR 的一个新职能（PA（人力资本分析)),培养 HR 的三个新意识(前端解耦、中台聚能、智能协同)。

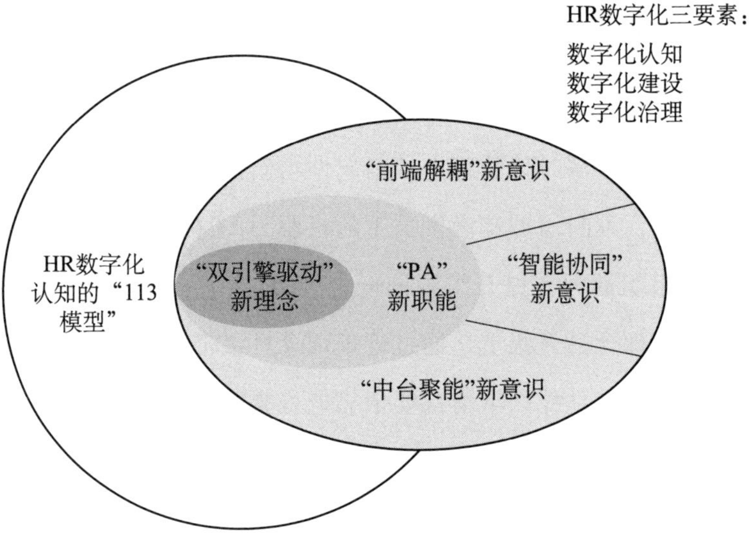

图 1-2 HR 数字化认知的"113 模型"

一个新理念:双引擎驱动的人力资源管理理念

在传统的人力资源管理体系里,大部分情况下由老板提出战略,制定明确的方向,通过制度和流程确保这些方向实现,再通过系统让这些制度流程固化下来。这种自上而下的模式,很难适应数字化转型的变革趋势。基于员工属性、管理属性和数据属性的重新定义,以及类似埃森哲提出的"超级员工"的概念,我们需要从理念上进行调整改变,要让员工产生一种自主自驱的意识。这种自主自驱是对员工创造力的激发,让个体更好地发挥独特的价值。只有让企业既保留自上而下管理驱动的价值，又能够不断实现员工自下而上自主驱动的价值，通过将“管理驱动”与“自主驱动”组合在一起，变成“双引擎驱动”，这样的组织运作方式才有可能适应未来，也才有可能让企业的组织活力、组织创造力以及组织效能有大幅度的提升，这就是双引擎驱动的理念。

用双引擎驱动理念推动 HR 数字化，实现企业组织效能跨越式提升，这本身就是 HR 的一种自我变革，这种变革很有可能让过往的 HR 从有为到无为。当然，更期待的是未来 HR 有更大的作为。

一个新职能：PA

“双引擎驱动”的管理理念，不但需要链接企业的战略、文化、政策，还需要构建实现管理意图的 HR 系统流程，让这些系统流程变成信息流，输入到政策中进行优化。同时以员工体验为核心，将用户意图用产品化的手段体现出来，让员工有更强的自我激发能力，进而提升创造力和活力。这种既能落地管理意图，又能紧抓用户意图的要求，推动创造了 HR 的一个新职能——PA（People Analytics，人力资本分析）。

随着企业信息化的不断推进发展，人力资源管理对数据的应用也成为必要趋势，PA 对于衡量组织人力资源配置的有效性、人力资源运行效率以及组织整体绩效和运营成果，具有重要的意义和价值。其核心思维包括：数据科学思维、行为科学思维、用户洞察思维、数据工程思维、智能化技术思维以及 HR 场景化产品解决方案思维。

三个新意识：前端解耦，中台聚能，智能协同

基于 HR 场景化产品解决方案思维，HR 要将原有选、育、用、留这类从职能角度划分的工作重新构建，站在不同的用户角度，识别用户核心诉求，通过场景产品化的手段，让业务在用户视角下，形成用户自主自发解决所面临问题的闭环。这种闭环逻辑能激发员工的自主自驱，同时也能帮助企业实现业务目的，形成有效增强组织活力和创造力的企业内在双驱动引擎。

让工具、数据、系统、信息实现真正的双引擎结合，考验的是具有中台特性的平台能力，通过中台聚能，以及前端和中台协同过程中各种智能化手段的协同，彻底完成 HR 数字化的顶层业务架构设计和系统架构设计。

如果说 HR 数字化是一种现象，那么双引擎驱动的新管理理念就是现象背后的本质，PA 这个 HR 新职能就是现象背后的设计师，前端解耦、中台聚能、智能协同这三个新意识就是实现 HR 数字化的关键举措。通过“113 模型”，相信可以推动 HR 在数字化进程中实现跨越式进阶，有效提升企业在数字经济时代的生存和发展能力。

02

第二章

打破工业经济的思想掣肘

HR DIGITALIZATION MODE

从第一次工业革命算起，人类社会经过蒸汽时代、电气时代进入信息时代，在人类历史上这短短的150多年中，人类进入一个前所未有的大发展周期，而生产力的迅猛发展也改变了社会经济结构和世界秩序，对全球政治、经济产生了巨大的影响。

每一个经济周期的大变迁，都来自对“生产力”质的释放[①]。如今，大规模生产、标准化管理与定制化需求、多样性创造之间的矛盾越来越大，在企业管理过程中，日益增长的个性化诉求与传统生产力所需要的大战略、大布局、大规划产生了越来越多的对撞。企业在套用工业经济的成功要素的同时，不得不更加关注自身是否能够通过自认知、自决策、自重构，为适配市场大环境而生成新的特征。

在此过程中，很多新兴优秀企业依靠智能感知、信息挖掘、网络协同、优化决策等方式，最大限度释放组织能力，实现对老牌工业企业的弯道超车，解决规模化与定制化兼顾、效率提升与质量控制平衡的问题。据统计，全球市值前十的企业，在

① 祝守宇，蔡春久．数据治理：工业企业数字化转型之道．北京：电子工业出版社，2020.

过去50年间分散在能源、金融投资、通信和硬件行业，在近几年却逐渐聚集在高科技行业。苹果、微软、亚马逊、谷歌、脸书[①]、腾讯、阿里巴巴、特斯拉等，不但霸榜当前全球市值前十企业名单，而且绝大部分市值超过万亿美元。这些企业在发展过程中无不依靠互联网及数据带来的巨大能量，也的确都将数据提升到战略性资源层面来对待。相信这就是数字经济周期之初“互联网时代”的特征。

数字经济周期是一个更加宏大、威力更强劲、让生产力进一步得到释放的过程，如何认知这个经济周期新的特性？又如何借助这百年未有的经济大变局，让企业在新时代有更大作为？识别和打破工业经济的思想掣肘，至关重要。

当前时代不可预测性将取代稳定性

人力资源管理的首要职责，是研究企业的发展，并能找到企业发展的内在驱动引擎。在工业经济周期中诞生的管理学科，经过上百年的演进，识别出“计划、组织、协调、控制”这样的管理体系，能有效帮助企业提升驱动力，这个驱动力绝大部分来自管理驱动。具体来讲，就是通过制度、流程以及系统化，

① 2021年10月底，美国社交媒体公司脸书（Facebook）的创始人宣布将公司名称改为“Meta”。本书沿用旧称。

把老板的思维和过去成功的经验不断加以复制，推动企业成功。

现阶段越来越多的企业发现，过去的很多理论无法跟上实践的脚步，过往的很多成功经验在当代面临挑战和冲突。这样的变化发生在各行各业。2017 年，亚马逊在西雅图推出美国首个无人便利购物店“Amazon Go”，顾客可以在这里自助购物。在亚马逊推出这个模式的时候，当地民众都觉得简直是不可思议，不可能成功。但是，现在大家对这件事是怎么看的呢？好像已经习以为常了，在中国，今天许多便利店和购物中心都可以刷脸购物。在医疗行业，腾讯有一个产品叫“觅影”，医生问诊时，通过 AI 辅助来判断病灶在哪里，这种病症的最佳治疗医生是谁以及类似病灶的处理方式。随着技术的成熟和数据的完善，有可能在未来相隔万里的一个医生可以对当前病患进行仿真现场处理。2018 年，有一家全球知名的调研公司做了一个报告，重点提到以下方面：在未来有 10 亿人的行为将被算法改变；在未来有 1 亿消费者将会通过增强现实来购物；现在有非常多的国内企业正在推动自身业务的移动化和 APP 化，而调研分析却提出，未来有 20% 的品牌会抛弃手机 APP。这就是现在的世界，可能一个事物刚刚流行，却又即将被淘汰。你好像刚追随了之前的成功，这个成功就已经被颠覆。

还有一个调查，通过样本统计，当下有三分之二的企业 CEO 认为，未来三年比过去 50 年更为关键。这主要源于快速发展的技术及其变革带来的速度。这些 CEO 的共识是未来三年内企业必须进行重大的数字化变革。同时，CEO 也对自己企业的人力资源负责人 CHRO（首席人才官）提出了明确要求，希望 CHRO 能帮助组织进行适应未来工作模式的转型。

重新认识企业发展的内在驱动引擎

企业的发展面临前所未有的挑战，数字经济周期中，云服务、大数据、人工智能已成为大势所趋，需要企业做出适配和应对，未来将会有越来越多的企业要对工作进行重新定义和解构。越来越多的企业将重新识别对员工持续投资的重心，这个重心将从简单的培养员工转变为培育员工掌握真正的“人类技能”，即不被机器或其他方式方法所取代的能力，具体指的是员工的同理心、感情和创新能力。

人机协作将是一种现实常态，今天的工作岗位有 65% 可能在未来会消失或被机器代替，公司内部的运作，尤其是人和机器之间如何协同，如何做到将人和机器合理搭配和分工，变得极为重要。同时，很多新的、以前从来没有过的工作在不断涌现，比如数据与 AI 整合师、网络生态系统设计师、大数据分析师。

另外，对员工的管理也将变成全天候模式，腾讯内部的一个小调研发现，应重点关注员工的时间段，并不是上班到下班之间，而是在员工下班后。因为在这个时间段员工最容易产生各种思想问题，诸如离职、加薪、对老板不满意，大部分思想问题都是在员工回到家躺在沙发上，或是与朋友聊天的时候出现并开始发酵，这个时候的管理可能更重要。

互联网时代是这一切变化和发展背后的加速器。“互联网+”催生了中国的共享经济，带来了中国近年来的快速发展变化。这样的发展变化也让我们看到，企业的管理越来越重要，但管理员工越来越费劲，企业需要面对越来越多新的管理问题。在这个环境下，所有企业面对同样的挑战，也会有相同的机遇。这种机遇和挑战一定会创造出很多新的公司，也一定会让很多传统公司产生极大的不适。怎样去面对？从人力资源管理首要职责的角度来看，还是要回归核心，找到企业发展的内在驱动引擎。

企业发展的内在驱动引擎，已不单指前面提到的工业经济周期所沉淀下来的管理驱动。

企业在对工作进行重新定义和解构的过程中，发现核心聚焦在企业内部的组织和人这两个关键要素上。对很多新兴创新型企业的 CEO 采访时，往往得到一些令人吃惊的答案，如企业内部没有考核，没有管理，靠的是员工的创造和组织的灵活适应。这些企业的成功并没有完全依赖管理驱动，而是找了其他的驱动引擎，企业也能快速成长和发展。

这种新型驱动引擎，来自数字经济周期中企业对工作的重新定义和解构，那就是企业越来越关注组织和人，通过对组织和员工群体的激发，获得企业发展另外一种内在驱动力，本书把这种新型驱动引擎叫作自主驱动，它能够实现与管理驱动同等的价值，甚至在某些方面会比管理驱动带给企业更多适配数字经济周期的能力。

本书对这两种驱动力进行了定义，一类是更能体现管理意图的管理驱动引擎，另一类是更能体现新型工作定义的自主驱动引擎。在数字经济周期中，这种双引擎驱动的能力将成为企业发展内在驱动的核心。

双引擎驱动的概念下，也许企业以前的管理做得非常好，但只是获取了一个驱动力，可能还需要通过对组织和人的新观察、新思考以及新设计，为企业加入一个新发展引擎。

组织的适应性比稳定性更有价值

一些飞速成长表现优秀的公司，在组织运作模式上都有一个共性，那就是对适应性组织这个概念的有效实践。适应性组织有利于更好地响应客户环境和市场需求。这种适应性组织与传统意义上的稳定性组织有什么区别呢？稳定性组织是逐利的，以内部职责分工定位为重点，按组织层次结构来划分管理，推动自上而下的官僚主义互动，注重标准统一、结构稳定，要求强继承性；适应性组织是目标导向的，以客户为中心，要求组织灵活、团队灵活，构建网络推动协作和敏捷治理，强调个性化的人才参与，强调变化和持续学习。

相比稳定性组织，在适应性组织中我们更容易看到管理驱动与自主驱动对组织共同发力的影响。

在数字经济周期的大背景下，企业内部组织的运行方式和管理理念在不断地多元化，华为提出“以客户为中心，以奋斗者为本”的经营理念，腾讯提出“用户为根，人才为本”的口号，这些推动着企业提升自身组织形态的适应性。这些适应性影响到企业管理的方方面面。比如，一些企业的老板或业务负责人发现，有时想要招聘一个人，却没有既定的空缺岗位，需要采用“因人设岗”的新模式，但企业人力资源管理者还在紧守“因岗设人”的模式，坚持梳理岗位说明书、制定岗位标准、根据工作描述去开展招聘的传统逻辑。企业老板或业务负责人与人力资源管理者出现意识和规则上的矛盾冲突，产生这种冲突的核心是大家对驱动引擎的理解有所不同。

在数字经济周期带来的互联网时代，代际的差异被放大，这些差异会带来非常多管理的不确定性。比如这个时代员工对工作价值的追求已十分普遍，远超以前员工对工作付薪的定义。

谷歌是当下公认的最牛企业之一，大家会想当然地认为，谷歌招人应该是不困难的，全球顶尖人才任其挑选。谷歌却说，自己招人天生有一个最大的竞争对手，是NASA（美国国家航空航天局）。NASA可以用谷歌三分之一的薪酬吸引到谷歌特别想招的人，只是因为NASA说了一句话：“我是在为全人类工作。”

员工越来越看重对工作价值的追求，这已经变成员工的内在驱动力，有了这样的内在驱动力，NASA不需要用复杂的方式来管理员工。这样一种价值追求启示我们思考：我们的企业在追求什么？企业员工是不是也对这样的追求产生了非常大的兴趣和向往，如果是，那必将成为企业发展的内在驱动引擎。

过往企业与员工之间的关系，通常被认为是雇主与雇员间的雇佣关系，其实对企业发展带来更大帮助的，是把这种劳动契约的雇佣关系转变成合作共生人力资本投资共赢关系。这个逻辑背后的思想是，企业有边界，但人才资源是无限和开放的，通过开放共创，加强对人力资本的投资，让企业的有限边界无限扩展出去，这样的扩展相比传统稳定的雇佣关系能为企业带来更多意想不到的好处。

重新认知员工属性

用工模式发生变化

当代的雇佣环境越发灵活，企业在人才吸引、使用和保留上进行了丰富多样的尝试。

越来越多的企业和人力资源管理者将灵活用工作为帮助企业成功的一种新的HR手段，通过打破纯粹的雇佣模式，实现职能弹性、数量弹性、时间弹性、薪资弹性。增强用工弹性的价值，不仅增强了企业在用工过程中的灵活应变，更增强了企业发展的内在驱动力。

事业合伙人也是很受追捧的模式，通过将企业的发展与核心人员的发展相结合，获利共享、成本共担，有效地激发企业核心人员的主人翁意识和自驱动力。

在腾讯，有一个操作简单但价值不菲的用才举措，叫作"活水"。"活水"具体指的是腾讯内部的某位员工，如果觉得自己在原部门工作发挥不了价值，可以主动申请调到其他部门，只要那个部门认可并接受他，那么原有部门负责人必须在一个月内把这个员工送到新部门去。这个逻辑很简单，在很多企业却很难实现，尤其是在以管理驱动为核心的管理模式下，企业往往为了避免造成管理难题，反而尽可能地杜绝员工换岗。在腾讯，“活水”不仅在员工层面取得了成功，也促进了管理干部的良性流动。在推动“活水”的这几年间，实现了近万名员工和管理者的岗位调配，数据也显示，调岗后员工的平均绩效显著高于调岗前，员工确实在新岗位上发挥了更大的价值，也为组织做出了更多的贡献。腾讯配套“活水”，还有一个叫“活水顾问”的角色，如果一个员工真的对现在的工作岗位无感了，“活水顾问”就像经纪人一样，可以帮助这位员工完成转岗运作。“活水”的结果是，不但员工找到更心仪的岗位，实现更好的绩效，而且企业内部的墙角越挖越结实。

其实腾讯在推行“活水”之初也不是顺风顺水的。首先跳出来反对的是很多部门的BP（业务合作伙伴）和业务负责人，他们认为自己团队是受害者，原本就很难从外部招到合适的人才，“活水”政策一旦实施，很有可能被内部其他团队挖墙脚，这不是雪上加霜嘛！因此，更多的部门会产生强烈的防范心理，认为自己挖别人可以，别人挖自己却不行。这种站在管理管控角度去看待员工变换工作岗位的思想，最终还是被公司以人为本的文化慢慢扭转，“活水”工作也逐步艰难地开展起来。随着“活水”的持续运营，所有部门都有了新的发现，“活水”不但促进自己部门的管理水平提升，还能为部门带来新鲜血液。在团队内员工成长和发展的重视度得以提高的同时，公司也感受到了“活水”带来的极大价值。比如微信团队在 2011 年开始大发展时期以及腾讯云团队在 2019 年开始大发展时期，都出现过团队人才缺口大、外部招聘无法满足需求的情况，而“活水”满足了这些团队一半以上的人才诉求响应。通过企业内部非常市场化的手段，不但有效完成人才的战略配置，而且对人才的吸引、保留以及发展带来了巨大的额外价值贡献。

多元创新的用人策略和用工模式重新定义了员工的资源属性，只有有效利用和充分释放员工的资源属性，才能让企业获得更大的人力资源价值。

员工更加希望自我激发

我们很难用单一维度来概括员工群体的特征，但有几个发展趋势一定是非常准确的，员工群体一定是越来越个性鲜明、崇尚自我、追求创新和思维灵活。由于有了这些趋势性特征，企业很多管理理念和工作方式方法将发生变化。

员工群体渴望被授权，希望得到清晰的目标和奖励方式，由自己决定如何达成目标，而管理者只要在需要时提供必要的指导和帮助就行；员工群体希望工作生活化，常常会把工作跟生活混在一起，并对企业有很强的移动化工作平台的诉求；员工群体渴望时间弹性化，更喜欢灵活的上下班时间，如果能根据工作岗位和职能需求设定几个工作时段，让员工自主选择，将会极大地激发员工的工作热情；员工群体还希望有及时的激励以及真诚的引导，希望在付出努力后能及时看到反馈，这是员工持续前进的重要驱动力，员工在前进过程中并不崇拜年资，但会尊重专业，反感管理者摆出“前辈”姿态和一味否定自己。

这样的员工群体特征，需要我们重新认知员工的属性定义。传统企业非常强调员工的企业化属性，其实就是强调员工要满足企业的诉求。但现在的企业包括腾讯都希望推动员工的社会化属性。员工首先具备的是一个社会人的特征，其次才是一个企业人。如果企业能重新认知，充分利用好员工的社会化属性，将会带给企业很多惊喜。当下，信息获取的便利性和智能定位用户个性化需求，都促成新生代员工的社会化属性超越企业化属性。而且现在的市场信息非常丰富和透明，员工也很容易对标优秀企业，这会提高员工对所在企业的期望值，也让员工越来越难以被说服和影响。HR 要充分认识到社会化属性员工的特点和诉求，才能让人力资源管理有正确的方向。

重新认知管理属性

管控与服务的矛盾

除了员工属性的重新定义之外，管理也需要有一个新的定义。传统的 HR 一直在强调管控和服务，但管控和服务是天生矛盾的。腾讯 HR 的选择是弱化管控和服务这样的矛盾体，强调一种产品意识，利用产品来改善员工体验，通过激发员工自驱的方式，让员工推动管理问题的改善。这种创新的管理模式和意识，被证明能够比较有效地破局 HR 集管控与服务于一体的矛盾与尴尬。

腾讯一直将自驱能力强的员工作为公司最大的财富，“自下而上的管理”在组织内是一个非常清晰的特征。腾讯在不断思考和完善“用户为本”这种思维，不仅体现在业务上，也应用在内部管理上。这不仅是腾讯的基因，相信也是未来 HR 非常重要的话题。通过管理意图的深入洞察，助力企业更好地落地战略、政策和文化，这本身就是传统的 HR 体系的使命和诉求。但是在数字经济时代，这样的思维已经远远不够。通过对用户意图的洞察，让员工有更强的自我激发，通过自我激发来提升创造力和自驱力，这是一个重要的新的驱动引擎，通过用户思维将机制和工具产品化，通过员工的主动激发来提升企业发展的内驱力。

无论是企业的领导者，还是首席人才官，其领导力的体现都是不断去挖掘推动企业发展的各种内在驱动力。21 世纪，人才最宝贵，激发员工的自驱力已经成为继管理驱动后最重要的管理话题。2013 年腾讯 CEO 马化腾讲过一句话，“希望腾讯既具备大公司特性，又具备小公司精神”。话虽简单，却是对管理思维和管理模式的一种打破。这里的大公司特性，并不是强调企业规模的大小，而是说这个企业无论规模大小都能在自己的行业空间内，利用社交化网络化新技术，打造出跨界的影响力，并用这种跨界的影响力使自身具备大企业平台的特质，这是大公司的概念。小公司精神，指的是企业无论大小，都能在反应速度、创业精神、业务导向和管理环境方面具备小公司状态和特性。这种辩证的逻辑，也是不断挖掘和发现企业发展内在驱动元素的动力。

自从美国政府对华为采取针对性压制，华为的业务逆势上扬，内部组织员工也空前团结。这样的挑战和压力，对华为反而是一个极大的价值和促进，“如果没有这个外力，华为很有可能会逐渐丧失历史上成功的宝贵特质”，深谙华为发展史的人如是说。华为在早期开拓市场阶段，无论在国内还是国外，竞争都非常激烈，作为后来者，华为内部上下充分诠释以客户为中心和以奋斗者为本的理念，天天去拜访客户，天天去给客户做路演介绍，所有的员工都精神饱满，也正是因为有这样的状态才让华为有了狼性的特质。2017 年，华为全球的交换机占有率达到 70% 以上，华为 4G 设备的全球占有率超过 50%，如果一个国家在通信领域里招投标，不主动叫上华为的几乎没有。华为在各地区的运营商业务负责人从以前如饥似渴围在客户身边，到“坐等单上门、伸手拿标书”。华为内部运营商业务与消费者业务两个体系因为结构化差异和利益均衡问题，也慢慢产生关系危机，很难回到以前同一个战壕的战友状态。如果没有 2018 年开始的外部压力，华为在内部暴露的内驱力丧失可能会让华为面临巨大发展危机，再怎么靠任正非的管控，再怎么靠流程，再怎么靠体系，也很难避免这个风险。现在回头看华为的状态，正是外部压力触发了华为内部的变化，“打鸡血的感觉”又回来了。华为在 2018 年召集负责各个国家业务的代表，讨论沟通应对外部压力的措施，各代表士气振作、紧密团结，重回华为聚焦客户、奋斗拼搏的状态。可见，企业内形成一种管理驱动机制可能是很困难的，需要花很多年的时间去完善，但通过一些契机寻找到企业内部一些新驱动引擎，并且让它发挥价值，尤其是在组织和人这个领域里发挥价值，可能会快速见效。

有一个非常形象的比喻，用动车组和绿皮火车的差异来映射企业内部驱动力的来源。大家都知道，绿皮火车是靠火车头的动力，拉着一串车厢前进，就像很多企业，老板作为一个火车头，带着一大群中层领导和员工往前跑，一旦火车头失速拉不动了，整列车将无法前进。绿皮火车的时速超过每小时 80 公里就有危险了，但是现在的高铁动车组的时速可以达到每小时 300 公里以上，为什么会出现这种状态？通过对“动车组”全称的了解就能略知一二。动车组全称动力分布式机车组，是把火车头放到每节车厢，通过一种分布机制和工具，让每节车厢都产生动力，推动动车组前进的动力不光来自火车头，也来自每节车厢。

企业的发展是来自火车头，还是来自企业里面的每一节车厢？这其实就是企业发展的内部驱动力的管理问题。现在，非常多的企业在尝试学习和推动蜂巢式组织、阿米巴组织、小组制、倒三角、项目制、合同制、裂变式组织、FT[①] 组织，其核心本质绝对不是要学一种形式，而是在企业内打造动力分布式机车组的机制。简单来说，是希望推动自组织自管理，从而寻找企业内部新的驱动引擎。

HR 三支柱的组织模式是一种打破

人力资源管理的首要职责是研究企业的发展，并找到企业

① FT（Feature Team，功能型团队）是一种敏捷的组织形态。

发展的内在驱动引擎。但在传统思维下，HR 因管控和服务的矛盾属性，很难承担起这样的职责，而 HR 三支柱的组织模式在一定程度上是对传统管理模式的一种打破。HRCOE（人力资源专家中心）通过对老板意图以及自上而下的方针制度的深入洞察，去助力企业更好地落地战略、政策和文化，让战略对公司产生价值变现；HRSSC（人力资源共享服务中心）通过对员工意图的洞察，提升员工在管理环节和事务办理领域的体验感，培养员工的自组织自管理意识，让员工有更强的自我激发，通过自我激发来提升创造力和自驱力；HRBP（人力资源业务合作伙伴）通过组织内各种驱动力的洞察，推动业务变革，提升组织能力，为业务成功保驾护航。

三支柱的 HR 组织模式虽然在理念上丰富了企业发展的内在驱动引擎，但在实际操作上，企业不仅希望在管理驱动方向上有非常多的配套系统、管理意图的解决方案，在自主驱动方向上，也希望有非常多的员工喜爱的产品、能够洞察用户意图的解决方案去配套实现，单个逻辑就很复杂，两个逻辑相互叠加就更加复杂了。现有的三支柱理念，在组织模式上没有针对这样的复杂局面给出好的答案。

腾讯的做法是将 HRSSC 升级为 HRSDC（人力资源共享交付平台），不但保留下 HRSSC 的服务基因和对员工意图洞察的职能，还通过整合 HRIT 的能力，融入科技手段，通过产品化思维与中台化架构结合的理念，创新出一个支撑多元引擎叠加的平台型组织模式。腾讯认为，承载起管理驱动和自主驱动双引擎，必须要有一个强大的平台化的基座，既能分别支撑起管理驱动的系统和自主驱动的产品，又能将它们彻底互联互通、相互赋能。

通过这样的平台化基座，在原有制度流程和工具中融入用户属性、产品属性和好玩属性，激发员工有更强的自主性去参与管理，释放员工自驱力，让员工推动管理问题的改善。

这种创新，有时可能并不需要很大代价就能收获额外价值。比如，很多企业的老板都比较重视对员工的培训，现实情况往往是由 HR 部门培训管理员辛苦找来资源，通知员工，跟踪考勤，还要维护课堂纪律，想了很多管理手段，但不见得能激发员工对培训的重视度，以至于 HR 和员工都忘了培训的核心价值是让老板的投资行为以及员工的自我成长诉求发酵。在腾讯有一个小产品，叫“我的发展”，员工可以很方便地在微信上找到，这个产品记录了员工本人的成长轨迹，还有一些其他的数据作为参考和对照，比如说公司员工的平均成长轨迹情况，与该员工同类型的其他员工的成长速度，员工会直观看出自己的成长速度是快还是慢。如果员工发现自己的成长速度有些慢，在产品中有一个“想不想加速发展？”按钮，员工点击这个按钮，就会得到三个锦囊，第一个是“其他发展速度很快的人都参加过的培训课程，你是否也想参加？”第二个是“其他比你级别高的人写了一些成长心得，你要不要看看？”第三个是“周边你认识的标杆员工，你是否想跟他约个饭聊聊？”这种方式让员工感觉到发展其实是掌握在自己手里，公司提供了资源，也给员工提供了一种牵引，这会让员工觉得如果不去使用这些资源，自己就落后了，落后的程度还被显性化体现出来。这种方式驱动了员工的自主成长意识，只有意识到位了，行为才会到位。此外，这个产品还有其他价值，通过对数据的积累和分析，可以直接考察一个管理者，看看他是否关注他的团队员工的成长和发展。如果数据体现出该管理者的下属员工平均的成长和发展水平比公司其他团队的水平低，这个信息将会直接触达该管理者以及 HRBP，促成他们针对团队员工发展的话题研讨。

人力资源管理越来越重视产品思维与用户体验

人力资源管理领域的产品思维，与所在企业规模大小没有关系，有时创新可能并不需要企业付出很大代价，却能产生巨大价值。要抓准激发组织和员工活力的关键点，找到自主驱动的动力源，通过产品思维和产品化手段，让现有的管理方式发生一些变化，打破单一的管理驱动思维。此外，增强和延展员工的能力，有时还能通过技术手段。在腾讯有一个叫“智选”

的产品，通过卷积神经网络算法，智能识别职位要求与候选人的关键信息，并对两者的核心内容进行深度学习，通过内容含义的相关性进行排序推荐，业务部门面试官在查看被推荐的简历时，产品会通过“埋点”[①]记录面试官在哪类简历以及简历中哪些内容上关注度高，再通过新的算法对原有推荐模型进行优化，这样下一次再推荐的简历与面试官的兴趣符合度会更高。

高质量简历通过这个产品不断被打捞上来，再通过产品推送分发给多个同质部门，哪位面试官抢得快，这个优质简历就归属于他，让人才就是要抢的理念潜移默化地影响面试官，也让业务部门体会到招聘本身的价值不是来自 HR，而是来自业务部门对人才的渴望和主动作为。业务部门面试官因为智选产品的影响，逐步产生一种新的驱动力，不但增强了招聘优秀候选人的意识，也提升了招聘能力。

越来越多的企业开始关注员工体验，并提出响亮的口号，阐述自己在员工体验方面投入巨大。很可惜的是，大量员工体验是违背人性的触感体验，我们通过虹膜、人脸、密码提高员工在考勤方面的体验感，这个体验感再好也无法激发员工对考勤的热情。尽管这个过程利用了这么多的科学手段，却忽略了真正的人性思考。在腾讯，HRSDC 建立了用户声音中台，将用户反馈和情感连接的触角植入每个产品的右边栏，并对用户反

① 埋点指网站和 APP 等进行日常改进及数据分析的数据采集方法。

馈进行情感分析（正向、中性、负向），分发给对应的业务或产品负责人，建立产品持续优化的良性循环。同时，HRSDC 还组建了腾讯“员工体验官”的虚拟团队，一群有想法有办法的人，以持续提升员工体验为己任，发现问题，推动解决问题，已成为组织内非常有活力和影响力的意见群体。

相信企业每年都会有新人加入，而加入新公司的第一天，应该是人生中一个非常重要的时刻。这极具纪念意义的一天，往往充斥着大量的事务性工作，员工要办理繁杂的入职手续，可能需要几十分钟或者更长时间，办完手续还不一定能拿到工卡，想要进入工作状态，起码也是一天之后。在腾讯有一个产品叫“戴上红围脖”，它是一个指引入职的小工具，这个产品可以让员工的入职手续在三五分钟内全部办完。省下来的时间用于充满仪式感的授予工卡环节。整个入职过程会被拍成一个小视频为员工留存。当员工完成入职，产品会通过导航指引员工找到自己的工位，帮员工快速进行雷达寻缘，看看周围谁是自己的校友，谁是自己的前同事，谁是自己的老乡，快速拉近员工与组织的关系，让员工迅速融入集体。

这些例子都体现出，需要通过产品化的思维去设计和改变以前管控和服务的矛盾体，真正地驱动员工在企业管理中的价值体现。利用场景化模式解决企业人力资源管理问题，利用产品改善员工体验，激发员工自驱力，通过员工自驱改善企业管理问题，这是人力资源管理的新方法。

重新认知 HR 数据属性

全栈 HR 数据

前文提到的很多工具产品，让我们看到人力资源管理越来越依赖数据分析去辅助决策以及推动创新，但传统的 HR 所定义的数据，大部分是结果性数据。这些结果性数据，不仅依赖 HR 的重度维护，而且只是 HR 数据里量级最少的一部分内容。这些结果性数据都是基本数据，但很多都不能反映客观事实，也缺乏一些数据安全的保护手段，这些数据在数字化时代很难满足数据分析的要求。

真正有价值的数据是员工在工作过程中产生的过程数据，以及他的行为数据，包括心理变化的数据，这些数据是客观发生的，具有非常强的真实特性，如果把这些数据全面整合起来，通过科学有效的模型分析来辅助管理决策，或是驱动员工自我激发，这些数据将变成真正的资产。

想要收集和整合这些客观性数据，关键在于企业的 HR 和人力资源管理系统。在企业中接触员工最多、最了解员工的往往是 HR，但遗憾的是，部分企业中 HR 与员工每月的平均接触次数是非常有限的。而起到重要作用的人力资源管理系统，在很多企业中也是被员工严重吐槽的对象，如果不是老板强制要求，员工很少主动登录，因此，员工的行为数据很难体现出客观性和员工的真实意图。

在腾讯，HR 助手这个产品不是强行要求员工安装的，而是由员工自行决定是否安装和使用。实际情况是 HR 助手在腾讯的安装使用近乎 100%，这个产品在全年的 PV① 超过了 3 000 万，也就是说，腾讯员工每人每年平均使用这个产品的频率有 600 次以上，几乎每天都跟它会发生两次互动。经过这样互动的过程沉淀下来的行为数据、过程数据都变成产品对员工再次服务和赋能的基础。

HR 领域的数据，应该是一种全域的数据。它应该包含 HR 相对应的结果性数据，也应该包含业务型的过程数据、员工的行为数据、员工心理状态的数据。关注用户自主产生的数据，有能力对这些数据整合，才能推动未来数据上的挖掘能力，让数据产生价值。这种价值对 HR 将起到巨大的赋能作用，极具潜力。HR 原有的能力如沟通能力、流程能力、体系能力、分析能力，会因为技术手段和数据应用而更加高效。同时，HR 的一些新能力也将会层出不穷，比如通过传感器、情绪识别带来的数据让员工随

---

① PV（Page View，页面浏览量）通常用在互联网企业里衡量某个产品被用过多少次。

时随地自管理。

当然在这个过程中，必须要考虑清楚自身有没有对这些数据的驾驭能力，这一点非常关键。强调伦理道德和个人隐私，以及对数据的安全保障，是非常重要的基础，这就需要有能力去识别数据隐私有可能产生的问题。必须要保护广大的消费者和用户，站在消费者、用户的角度审视哪些数据保护措施不到位。可以通过信息安全的对抗演练以及对照国际国内通用的信息安全保障认证标准，来不断提升数据隐私保护的意识和能力。要充分地推动自身对数据安全隐私的驾驭能力，这些驾驭能力是未来人力资源管理的一个基础。在这个基础上发挥出数据价值，是人力资源管理的新能力。

数据为极致产品创造可能

通过全栈HR数据的建模、加工和使用，HR越来越懂员工，同时员工也越来越了解自己和所在组织——这就为HR的产品化思维打下了非常好的基础。产品只有在使用中才会产生价值，而一个极致好用的产品，既能极大满足用户需求，同时也能为全栈HR数据带来新的贡献。

腾讯有一个HR产品叫“小T”，是一款智能HR客服机器人。这个产品的前身是HR部门内一个专门为员工解答政策问题的团队。2013 年这个团队正式成立并起名 HR 热线组，这个团队自成立之初一直采用人工座席的方式，其间也引入了电话系统、工单系统，持续提升工作效率。但是随着员工数量的增多、知识内容的丰富，人工座席的方式出现了很大的瓶颈，员工咨询量指数级增长，纯人工交付方式已经不能满足业务量的增长。随着 90 后员工越来越多，他们更喜好“随时随地发问，即刻获得响应”，人工交付已经无法满足员工对服务质量的要求。另外，随着公司 HR 政策越来越丰富，对交付人员的能力要求也越来越高，一个交付人员培训上岗需要一个月，成为熟练交付人员需要半年以上的实岗操作。后续随着知识内容逐渐增多，单纯人工交付模式将更难以应对全 HR 品类的咨询业务。基于此，热线组从 2017 年年底开始筹备 HR 智能客服机器人的建设。

2018 年上半年，通过对标业务智能客服系统，项目组建立了客服机器人、在线客服、知识库等完整的智能客服系统框架，将智能客服推动上线，并开始试运行。2018 年下半年，业界智能客服发展迅猛，项目组重新审核这个产品的建设，通过对产品运营数据的持续跟踪分析，发现现有产品的缺陷点和优化点，同时通过对标业界领先的智能客服机器人，吸取建设经验，确立“语料库[①]、算法、交互”三个建设关键点。

① 语料库指经科学取样和加工的大规模电子文本库，其中存放的是在语言的实际使用中真实出现过的语言材料。

2019年初，热线组全体人员参与到语料建设工作中，语料从2 000多条增至7万多条，每条语料都来自员工原始问询，确保员工能看懂每一个标题。在算法方面，部门成立了算法兴趣小组与腾讯云知文团队共同研究HR客服机器人的算法，从传统机器学习向深度学习组合算法进行突破。在交互体验提升方面，项目组每天跟踪产品的实际数据，定期访谈用户，发现用户的行为习惯，在交互上进行不间断修改。整个过程中，项目组坚持对产品采用AB测试[①]的方式验证效果。也是在那个时候，项目组给这个HR智能客服机器人起了一个人性化的名字，叫“小T”，并通过对广大员工群体的调研访谈，把小T设计成为一个时尚有温度的小姐姐的形象。2019年上半年，小T分流率为70%，达到业界一流水平。2019年下半年，小T分流率达到80%以上，领跑业界，实现了移动端、PC端、企业微信全渠道覆盖。在员工问询过程中，小T打造了动态热点预测、关联问题、轨迹预判三个功能，预测员工想问什么，主动通过企业微信、邮件等渠道前置发送给员工。同时，小T将问询数据做成舆情报告，按季度向HRCOE、HRBP等发送，帮助他们听到员工声音，了解员工动态。在小T的建设过程中，产品形态越来越丰富，同时沉淀了很多能力，比如自然语言对

---

① AB测试指通过小范围发布两个即将面对大众的设计版本，得到并比较这两个版本之间的数据，最后选择效果最好的版本的方法。

话算法、意图分类算法，能够将其复用到不同的人机对话机器人中，也初步形成了HR政策类知识框架。如今，小T实现了7×24小时即问即答，为员工提供多样的事务办理、政策咨询以及先知提醒的智能服务，成为非常受员工欢迎的产品之一。

小T产品的创新来自对“用户、业务、运营”需求和痛点的深刻理解与洞察。在HR领域，类似产品在实践过程中获得的巨大成功，来自极致的产品打磨精神，让用户感受到产品带来的极致的方便、极致的高效，在使用产品的过程中有更多的惊喜和乐趣。

腾讯双引擎驱动的HR系统设计理念

用户为根，员工为本

当我们发现当代事物的不可预测性越发显著，就只能通过对历史经验的重新认知，来寻找适配未来的管理模型，这不是对过往管理驱动产生价值的否定，而是回归人力资源管理的本质，找到企业发展的内在驱动引擎。在数字经济时代，企业管理理念与工业经济时代差异很大，传统HR更多是从管理意图出发，助力企业落实政策和传播文化，而今，我们需要在此基础上，从员工的视角出发，寻找员工自驱力的源泉，洞察驱动员工的力量，激发员工的内生动力和活力。

这种新思考是推动HR业务数字化转型的动力，只有同步落实管理意图和员工意图，才能给企业和员工带来更大的价值。比如，我们通过深入地洞察管理意图，去助力企业更好地落实战略、政策和文化，这本身就是传统的HR体系带来的使命和诉求——怎样通过落实老板思维，通过自上而下的政策流程、制度系统，让老板的战略对公司产生价值的变现。然而，在数字经济时代，这样的思维已经远远不够，自我激发的员工才是公司最大的财富。尤其是在腾讯，“自下而上的管理”是一个非常清晰的特征。腾讯创始人之一，原腾讯CAO（首席行政官）陈一丹给腾讯的人力资源管理团队送过一幅亲笔写的书法：“用户为根，员工为本”，这不仅是腾讯的基因，也是未来HR非常重要的话题。

腾讯通过对员工意图的洞察，让员工有更强的自我激发，通过自我激发来提升创造力和自驱力，在这个过程中创新了很多既能实现自主驱动，也让员工喜爱的产品，如果能把这些产品与传统人力资源管理领域已经沉淀成熟的人力资源管理系统结合在一起，同时提供给公司和员工，使管理驱动与体现员工意志的自主驱动相结合，共同构成企业发展的内在驱动力，这将是一个跨时代的进步，相信会给企业带来生产力的又一次质的提升。搭建起能够支撑这样复杂逻辑的平台，既有挑战又有价值。

双引擎驱动的 HR 系统模型

员工属性、管理属性、数据属性的重新定义，让我们一直在思考：重新定义之后，我们要形成一个什么样的基础架构，用一个什么样的管理平台来支撑这些新方向、新方法和新能力？我提出了双引擎驱动的管理理念。这是什么意思呢？在传统的人力资源管理体系里，大部分情况下由老板提出战略，制定明确的方向，通过制度和流程确保这些方向实现，通过系统让这些制度流程固化下来。而前面所说的新属性的出现，必须要让员工有一种自主自驱的概念产生，只有让管理驱动与自主驱动组合在一起，变成一个双引擎驱动，才有可能适应未来，才有可能让我们组织的活力、组织的驱动性以及组织效能有大幅度的提升。这个就是双引擎驱动的理念（如图 2-1 所示）。

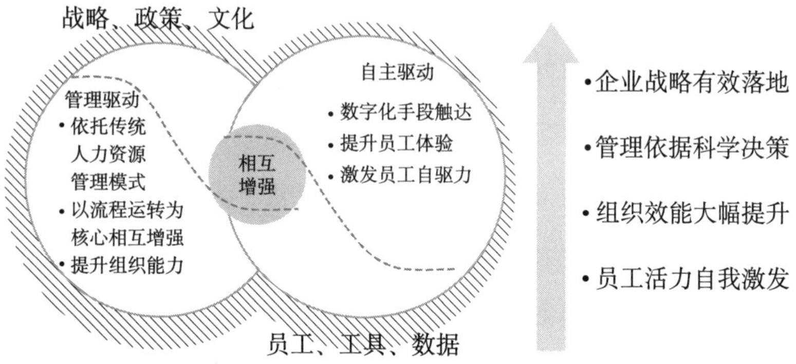

图 2-1　双引擎驱动示意图

双引擎驱动要考验一些基础能力。管理驱动的核心逻辑，就是要通过企业的战略、文化、政策的落地，通过异化的系统流程，让这些系统流程变成信息流，输入到政策中以达到优化。自主驱动的流程，通过我们这种工具，以员工体验为核心，真正激发员工的驱动力，来实现产品化，让员工在使用这些产品的过程中产生大量的数据，这些数据对工具进行迭代。怎样让工具、数据、系统、信息实现真正的双引擎结合，这是一个重点。

从腾讯 HRSDC 的实践来看，这个重点考验我们是不是具备强有力的平台能力，只有依托强大的 HR 中台能力，才能实现双驱动。HRSDC 在腾讯 HR 三支柱体系中扮演的是搭平台、保运营角色，利用科技手段和解决方案创新，推动员工自主驱动，提升组织效能，责无旁贷肩负起 HR 中台的探索和建设任务。

在 2017 年的时候，腾讯 HRSDC 提出了 HR 中台的概念，当时起名叫“NTS”。随着不断变迁和完善，腾讯 HRSDC 总结出必须依靠四种能力，才能够承载起管理驱动和自主驱动双引擎平台。这四种能力的组合被定义为“HR 双引擎云中台”，包括 HR 智能协同能力、HR 组件服务能力、HR 规则保障能力、HR 平台集成能力。NTS 成为腾讯 HR 重要的中台能力，具体内容将在第六章展开介绍。

未来的 HR 业务联盟可以形成

有双引擎云中台作为基座，就能建立起真正体现双引擎驱动的 HR 系统和产品，而这样的系统和产品一定是开放的。开放是什么意思？这种双引擎，必须实现我们对当前世面流行的 HR 系统软件充分的融合，同时也必须实现各种类型自主驱动的 HR 工具和产品能够在平台上即插即用。

这种双引擎驱动 HR 系统在腾讯内部的尝试和使用，集中体现在腾讯 HR 助手这个产品上，这个产品 2013 年首次上线，它不但能够很好地集成腾讯原来购买的外部套装 HR 软件，还能创新出很多深受腾讯员工喜爱的工具功能。我们每年都会做内部调查，腾讯 HR 助手这个产品的员工满意度达到 9.4 分以上。一个管理信息系统让员工来打分，评价这个系统好用不好用，取得这个分数还是很让人自豪的。

腾讯 HR 助手的管理信息系统，既能够帮助管理者，帮助 HR，实现管理过程中的价值创造，同时也能够推动员工更主动地使用这个产品。这种模式也应用到腾讯的生态企业中，以期真正给行业、企业带来 HR 的升级。比如腾讯的一家生态公司金腾科技，如何在没有任何基础的情况下快速搭建一个人力资源管理系统，让员工、HR 能够在系统工具上得到直接有效的帮助？腾讯 HR 助手 SaaS 版的免安装极简体验，以及这个产品背后所映射出的腾讯管理理念，很好地帮助金腾科技快速搭建起自己的HR系统。数字广东是在广东地区比较有名、相对成熟、规模较大的一家公司，它实现了政务能力网上化，对广大民众提供服务。很多机构通过第三方软件来提升内部的人力资源管理，同时它也非常希望得到一些新的、能够激发员工自主管理的产品，腾讯HR助手正好满足了这些方面的需求。政务系统现在越来越追求智能化、数字化。深圳市税务局就是一个非常有魄力的机构，它希望在内部人才管理上有创新的系统产品辅助，在推动智税人才的同时有很高的安全性，希望这个系统安全可控，所使用的产品必须通过安全审计。目前，深圳市税务局也在使用腾讯HR助手提供的方案，推动数字化发展。

其实不难发现，近几年在HR领域，有一些现象越来越频繁地出现，不同公司的最好的HR实践正在通过产品化的形式向市场释放，这为HR行业带来了重要机遇。究其原因，根源在于越来越多的企业HR从业者，在对员工的社会化属性、管理的市场化属性以及全栈HR数据属性等方面的认知过程中，发现人力资源管理的本质并不单纯是为企业创造附加价值，而是需要人力资源管理体现出如何去为企业持续成功创造资源价值。

这种资源价值创造的理念和思维，推动我们不断探索和研究组织与人的自管理自驱动，以期为企业的内在发展动力找到更多驱动引擎。这必然要求未来企业内的 HR 从业者要有更加开放的意识和格局，帮助企业拓展管理理念的边界，这个拓展过程，有可能加速不同企业间的 HR 在业务和产品上的共享共建。其实，在当今社会，信息获取的便利性能让员工从市场上获取到非常丰富和透明的信息，员工很容易对标优秀企业，这会提高员工对所在企业的期望值，也让不同企业间 HR 在业务和产品上共享共建成为必须。

03

第三章

寻觅 HR 数字化的中国先行者

HR DIGITALIZATION MODE

在这瞬息万变的时代，中国企业 HR 数字化之路充满变数，怎样才能掌握 HR 数字化的未来趋势？相信这是所有 HR 从业者所关心的话题。谈到 HR 数字化，不可避免地要谈起市场上的 eHR 厂商。eHR 的全称是人力资源管理信息系统，传统人力资源管理信息系统的核心功能是面向 HR 从业者，通过对员工花名册的管理，在入转调离、核发工资、选用育留、人才发展等方面，识别 HR 所面对的问题，将 HR 的纸面流程自动化，利用技术手段控制成本和风险，提升管控能力，简化 HR 事务工作。eHR 厂商就是为企业提供 eHR 套装软件服务的公司，在过去的几十年中，eHR 厂商一直都是协助 HR 部门做类似事情的主力。

国外 eHR 套装软件的特征与趋势

国外 eHR 套装软件的代表企业，诸如 SAP、Workday、Oracle 等在 eHR 领域深耕多年，积累了非常丰富的 eHR 建设经验，具有很强的行业代表性。近几年，随着全球企业数字化转型的加速，国外 eHR 套装软件也呈现出一些非常鲜明的特征与趋势。

云化

从全球 eHR 市场规模来看，近年来，传统 eHR 套装软件本地化部署安装的市场增速约为 5%，但 SaaS 化[①] 的 eHR 市场近年来增长超过了 60%，发展加速尤为明显。eHR 的云化提速特征明显，但是对很多大型传统企业来说，短期内实现云化难度较大。中国企业转向云的比例不是很高，而且一批大企业很难转变，因此混合云会成为大型企业的首选，员工服务、员工自助等服务可能会在云上，而算薪以及核心人事等系统功能和服务还会部署在企业本地。

数据质量

提升数据质量是 eHR 建设的重点工作之一，无论数据不准确还是更新不及时，其实都是由 eHR 系统的设计逻辑所导致。过去 eHR 被定位为人力资源数据的维护系统，事后维护数据或是集中维护数据，必然会产生不及时、不准确的现象。而企业领导的理解偏差和不够重视也是导致数据质量不高的一大因素。未来，企业应当建设一套由逻辑驱动自然产生数据的系统。比如，人事信息的管理维护从招聘系统导入，招聘系统从简历获

① SaaS 是 Software-as-a-Service 的英文缩写，意为软件即服务，即通过网络提供软件服务。

取信息，将简历解析成入职信息登记表的数据，通过接口传到 eHR 系统里去。类似这样的场景在 eHR 系统里面还有很多流程可以进行优化和改造，从而解决数据质量问题。未来新一代 eHR 系统和过去系统的显著变化就在于能否做成逻辑驱动、分散维护。

单点应用

eHR 主功能建成之后，还会开发哪些外挂应用？招聘系统是其中占比最大的，接着是培训、考勤、移动端 APP（员工自助服务）以及绩效。企业无论选用 PeopleSoft 还是 SAP，自助服务都可能无法满足需求，很多企业选择了外挂开发。从美国 eHR 市场数据来看，eHR 供应商中 SaaS 模式供应商占比 40% 左右，SaaS 模式供应商中 50%～60% 是做单点应用的，即外挂开发系统，可见一体化的解决方案并不能占据全部的市场。中国也同样如此，一些垂直的单点应用发展非常迅速，甚至比整体解决方案更快速，比如 Kronos、盖雅等时间管理的垂直应用需求就非常旺盛。

数智技术

越来越多的 eHR 同仁认为大数据和人工智能在人力资源中有较好的应用场景。自然语言处理、语音识别、OCR[①]、机器人

① OCR（Optical Character Recognition，光学字符识别）是一种图像识别技术。

等技术怎样和人力资源结合在一起？招聘领域，很多创新公司都在做简历和职位的智能匹配，分析 JD[①] 的真实意图，同时分析简历适合的岗位，不是简单地通过关键字匹配进行查询，而是通过自然语言处理技术，依据关键内容的相似度排序，就像招聘官去看简历一样，凭着经验和感觉做匹配。人脸识别技术也被应用于 HR 领域，比如招聘应届毕业生的笔试或者在线考试中，可以刷脸识别考生和身份证是否为同一个人，从而防止替考发生。还有 HR 智能机器人，智能化解决身份识别、打印等问题，可直接减少 HRSSC 的用工量。OCR 技术可用于识别拍照上传的纸质简历或图片简历。OCR 是第一步，简历解析是第二步，几秒钟就能将纸质简历或图片简历快速变成数据库的结构化简历。HR 和面试官如果想对简历做备注，也无须打字，通过语音识别技术直接将语言变为文字，轻松备注。AI 可以运用于人力资源管理的很多场景，为 HR 工作带来革命性变化。

员工体验

如果说过去十几年 eHR 系统是围绕着 HR 的各个职能服务的话，现在已经不同过往。因为新生代员工的诉求不同，人力资源管理逻辑已经发生了变化。怎样让员工更满意？怎样能激活员工生产力？这是未来人力资源管理的两个关键线索，因此人力资源管理的方式会发生变化，eHR 系统的功能需要以员工

---

① HR 中的 JD 指工作说明（Job Description）。

为中心去设计，在面对员工时，需要像很多互联网企业运营 C 端客户一样，去运营员工端，满足他们的诉求。

被 SAP 寄予厚望的 eHR 云产品 SuccessFactors

SuccessFactors 公司于 2001 年在美国旧金山成立，2012 年被 SAP 收购，成为 SAP 的一部分，之后 SuccessFactors 更名为 SAP SuccessFactors，它是基于云的人力资本管理软件领域全球领先提供商之一，致力于通过各种解决方案交付业务成果。这些解决方案功能全面、界面美观、足够灵活，支持客户从任何模块起步，可随业务发展而逐渐扩展。

SAP 也在这个过程中，将 HCM（Human Capital Management，人力资本管理）的理念升级为 HXM（Human Experience Management，员工体验管理）解决方案。SAP 认为 HR 的主要任务，不再是将自上而下的计划推向员工，而是将员工经验放在每个流程和决策之中。借助 HXM，组织可以利用智能技术来实现用户体验个性化，使用数据来了解员工的感受，并利用开放的生态系统来开发各种解决方案。包括员工体验管理、核心 HR 与薪资核算、人才管理、HR 分析和劳动力计算四大部分，利用直观的用户界面为员工提供个性化体验，分析员工的感受及成因，以及利用各种智能技术为员工提供行为指导和决策。除此之外，企业还可以借助 SAP 及其合作伙伴生态系统的力量，整合各种解决方案来解决企业内部问题。

SAP SuccessFactors 认为企业必须能够实时监控影响业务的 HR 活动，并持续评估战略性人才计划的成效，产品会提供相关个性化的体验，并在员工服务周期的每个阶段为员工提供指导和建议，赋能员工。同时，此产品还支持持续的绩效管理、奖励表彰、学习发展和人才计划，能更好地协调 HR 与企业战略，促进业务增长。此外，这个产品还能发现与员工相关的风险和机遇，从而使 HR 快速采取行动，更全面地了解员工关键指标，以制定战略性决策，推动业务发展。最终，企业可以做到利用员工数据提升业务成果，超越竞争对手。

SAP SuccessFactors 的核心功能是人事与薪资核算，这个模块功能强大且全面，能实现合规管理流程自动化，自动遵守全球和本地法规，还可以基于统一的薪资核算平台，为超过 45 个国家和地区提供本地化功能，帮助协调流程，从而降低成本。

员工体验管理也是 SAP 日益重视的方向，通过员工体验管理模块，可以基于当前的技术、工具和服务对现有员工关系和 HR 事务进行体验支持；可以从负责实施的团队和使用软件的员工那里收集意见，确保服务满足员工的需求；可以结合体验数据和运营数据来持续改进 IT 支持过程和质量。

HXM 解决方案致力于向企业提供更好的员工体验管理。采用直观的用户界面，为员工提供个性化体验，消除 HR 部门与员工之间的障碍，确保在合适的时间提供正确的建议，帮助提高员工的敬业度和工作绩效；同时，能够将员工反馈和体验数据与 HR 运营数据整合起来，分析员工的感受及其成因。这样，企业就能利用这些数据，在每一个关键时刻为员工提供更好的体验。该套件中嵌入了各种智能技术，比如机器学习、聊天机器人和机器人流程自动化等，能够为员工提供行动建议和决策指导，增强员工的自主性和自驱力。

SAP SuccessFactors 希望搭建一个统一、可扩展的平台，在这个平台上，企业能够整合各种解决方案，包括基于 AI 的规划调度解决方案、财务解决方案、目标绩效管理和人才管理解决方案等等。对于企业来讲，在选择这种统一集成的大平台时，却是喜忧参半，如果选择它，意味着你将重度依赖它，而且购买和维护的价格不菲。

风靡全球的 eHR 新贵 Workday

Workday 由 PeopleSoft 的核心团队在 2005 年创立，以 SaaS 模式颠覆传统的人力资源软件，是全球 HR SaaS 领域的领军企业。Workday 的核心产品覆盖人力资本管理和财务管理，并在此基础上不断延伸产品线，推出业务规划、棱镜分析等产品为

HR 团队和财务团队提供决策支持，全方位提升客户的运营管理效率。Workday 的人力资本管理模块中主要包含全球人力资源管理、员工体验与服务、人才管理与分析、薪酬与劳动力管理。

其中，Workday 的员工体验模块可以凭借员工在日常工作中的经验，支持每个人的不同发展路径，同时利用机器学习能力，通过数据洞察为员工提供建议帮助。该模块可以让员工从他们喜欢的工作空间（如 Slack 或 Microsoft Teams）访问数据、报告和其他内容，同时使用机器学习来创造个性化的体验，引导员工工作，并使他们做得更好。另外员工只需要和 Workday 助理交谈就可以处理日常任务，比如请假等。从入职到升职，员工职业生涯中的每一刻都可以由员工体验模块进行引导，员工体验模块在员工成长的路途上可以时刻陪伴。

人才管理与分析也是 Workday 的重点功能。该模块应用机器学习和分析来帮助 HR 从业者了解今天所拥有的技能，以及为实现明天的商业成果所需要的技能。这可以应用到 HR 为员工提供个性化学习成长方案，打造一支多元化的员工队伍。Workday 提供了智能的解决方案，通过仪表板和实时分析衡量人才团队关键指标，使员工的目标与组织的目标相一致，还可以更好地了解员工的优势，识别技能差距。通过 Workday 的基准测试还可以将员工绩效与其他客户群体中的同行进行比较，让企业获得更加市场化的洞察力。

薪酬是 eHR 系统中的难点，每个项目都要有大量的业务规则的配置。另外，Workday 也没有完整的考勤系统，考勤是 eHR 系统中的更大难点，Workday 能做一些常规的休假计划，但没有中国现在主流的复杂的排班、刷卡签到、异常分析这些大数据计算与处理业务规则的功能。因此，在中国 Workday 的市场占有率不高，当然，一些外企在中国的分支机构，因为其母公司大量使用 Workday，一般都会推动全球化实施，纯中国本土的企业，如被美团收购之前的大众点评以及 58 同城，也用了 Workday 的 coreHR 模块和绩效模块。但大众点评被美团收购之后，HR 系统就被 PeopleSoft 取代了。此外，联想和海尔也仅仅是海外部门在使用 Workday。

Oracle 在 eHR 领域的多种尝试

Oracle 很早进军 eHR 领域，其 EBS HR 是 Oracle EBS（电子商务套件）的一个组成部分。秉承 Oracle EBS 的整体设计理念与设计风格，EBS HR 也具有优越的架构和强大的功能，它与 SAP 被公认为 ERP 领域的泰山北斗，是全球领先的套装软件。

PeopleSoft 是纯粹的人力资源管理系统，在中国的知名度相当高，它在 2004 年被 Oracle 收购。Oracle 看中了 PeopleSoft 的纯互联网架构，用户使用时不需安装任何插件，使用浏览器即可访问。

PeopleSoft 是在 eHR 套装软件产品中比较懂 HR 管理理论的，从其产品就能看出类似人才生命周期、平衡计分卡等人力资源管理逻辑。PeopleSoft 绩效管理模块的标准配置也体现了平衡计分卡的财务、客户、内部流程、学习与成长四个指标维度。除组织人事、薪酬福利模块之外，PeopleSoft 在人才管理方面完善的功能框架是其一大特色。

2012 年，腾讯引入 PeopleSoft 的核心人事模块和算薪模块，这也成为中国互联网企业大举采买 PeopleSoft 系统的样板。实际上 PeopleSoft 在腾讯内部并没有起到非常有效的作用，这一方面与腾讯因快速发展而不强调规范流程的管理风格有关，另一方面也与腾讯对员工体验感的高度重视有关。因此，在腾讯 HR 快速完成自有 HR 数据中台的架构设计和部署，以及在 2014 年上线腾讯 HR 助手这个基于微信移动端的 HR 应用产品后，PeopleSoft 就失去了它很大一部分作用，目前仅作为算薪工具，成为腾讯 HR 众多应用产品中的一个。

Oracle 在收购 PeopleSoft 后，也在积极尝试云化。于是作为 Oracle 跨越式的下一代 ERP 云产品的 Fusion 出现了，这个定位等同于之前的 EBS。Fusion 虽然是一朵云，却包含了企业应用的各模块，想要成为支撑企业发展的唯一集成大平台。Fusion 设计成功后，曾向市场推广，但步履维艰。

中国 eHR 系统厂商的云雨沟

任正非在一次讲话中用“云雨沟”来形容华为在管理方面的探索，“云”是管理实践，“雨”是管理思想，“沟”是西方企业过去 100 年的成功道路。[①] 一批在经营领域取得卓越成绩的中国 HR 系统厂商，仍在虚心学习，不断前行。

回顾往昔，中国的信息化建设一直很快，在通信、信息获取、贸易等方面持续保持高速进步，给大众生活带来翻天覆地的变化。然而美中不足的是，这种犀牛狂奔式的进步，是表层的进步。在企业服务市场方面，我国仍落后于世界领先水平。欧美国家，无论是在 C 端还是 B 端，保持高速发展的同时，一直都很均衡，皆处于国际领先地位。这也导致我国 C 端市场快速成长，但在供应链的 B 端，尤其是软件层次上，一直需要欧美的 B 端服务商做支撑，从而埋下中国企业被外国卡脖子的隐患。

如今世界格局已变，大国竞争成为主旋律，中国迫切需要培育国产高新技术，打造强大的 B 端软件供应链条，突破欧美潜在的技术限制，于是国产替代逐渐成为日后发展的重要方向

① 马海刚，彭剑锋，西楠 .HR+三支柱——人力资源管理转型升级与实践创新 . 北京：中国人民大学出版社，2017.

之一。其中 ERP 软件得到企业云化助力，中小企业“上云”有望加速 ERP 国产化进程。当然，中国企业特点等各方面因素也让中国 eHR 系统特征一直处在矛盾胶着状态，让中国的 eHR 系统厂商疲于尝试各种发展路线，但始终没有形成一个主流的成功模式。

本地化与 SaaS 化

企业 HR 需求复杂、管理模块较多，尤其对于传统企业而言，HR 基础信息不完善、组织敏捷性差、战略目标落地难等问题逐渐积累，eHR 软件作为传统本地部署的软件，基本满足了企业信息线上化、办公自动化、管理数字化的需求，但是对于使用 eHR 软件的企业，系统培训复杂、成本高、后期维护难度大、改进困难是当前面临的主要问题。而随着数字化转型的进一步深入，在人力资源管理基础应用的需求上衍生出企业人力资源管理决策支持以及企业人力资源管理应用扩展等新的需求。

HR SaaS 在一定程度上可以解决线上化和数字化的需求，但是对于一体化的需求需要 HR SaaS 模块的集成来满足。在 HR SaaS 产品出现之前，人力资源管理的信息化大多通过本地部署的 eHR 软件来实现，eHR 与 ERP（企业资源计划）、CRM（客户关系管理）、SCM（供应链管理）等概念并列，属于传统软件时代的产物。2013 年采用订阅模式的 HR SaaS 产品开始集中出现，2015 年国内企业级 SaaS 领域迎来资本风口，HR SaaS 同样获得了高度的关注。在资本市场的推动下，HR SaaS 厂商间竞争激烈，产品趋于同质化，对大中型企业和中小型企业的定位不明确，企业在选择 HR 系统解决方案厂商时充满迷茫，对 SaaS 化产品也有些不放心。

单模块与一体化

根据 HR SaaS 所覆盖模块的范围，行业内的厂商可分为单模块厂商和一体化厂商两类。一体化厂商往往会以核心人力为基础，覆盖 HR SaaS 中尽可能多的模块。处在信息化建设初期的企业客户更倾向于选择一体化厂商，以期一次性满足人力资源管理中的各类需求，无须在不同系统间来回切换。相比较而言，单模块厂商专注于单点业务，在产品的颗粒度上打磨得更细，适合对该模块需求专业化程度高的客户。

单模块厂商和一体化厂商之间并非完全的竞争关系，企业客户可以选择采用一体化产品覆盖基础的核心模块，而以单模块产品满足专业化程度更高的需求。在中国经济向高质量发展的背景下，企业数字化转型对于管理软件的需求产生了新的变化，HR SaaS 作为企业人力资源管理的重要工具，也将在新一轮的需求中显现出更高阶的特征。在企业数字化转型初期，部署 HR SaaS 软件主要是为了满足信息线上化、办公自动化、流程规范化等需求，随着应用场景增多，模块不断细化，企业对于交付形式的敏捷化和付费形式灵活化提出了更高要求，尤其是决策智能化、效能显性化的单模块产品，因产品体验优、实施成本低以及安全风险较为可控等受到各类企业欢迎。

北森 iTalentX：紧跟时代浪潮拥有 PaaS 的新套装

北森成立于 2002 年，在 2010 年前致力于人才管理技术的研究，成为中国人才评测市场的开创者与定义者，在 2010 年后北森决定将人才技术融入 HR 软件，让 HR 软件更懂人才，从而更加高效地帮助企业招募、评估、管理、发展和留用人才，于是发布了招聘云系统、继任云系统和绩效云系统，形成一体化人才管理云平台。到 2016 年北森推出 SaaS 模式的 eHR 产品：核心人力云。

在 2020 年北森以人才管理技术为内核，以核心人力为基础，将人才管理的各个模块紧密集成在一起，形成一体化的 HR SaaS 及人才管理平台 iTalentX，为客户提供云端 HR 软件、人才管理技术和平台的端到端整体解决方案。

一体化、平台化、生态化是北森发展的主要战略方向。

iTalentX 集合了人才管理专业技术、方法论以及 SaaS、PaaS、AI 方面的能力，核心人力云、招聘云、测评云、绩效云、学习云、继任云、调查云七大产品线能够一站式提供从员工招募、入职、管理到离职的全生命周期的数字化解决方案，实现一体化的员工体验和全景数据。北森 PaaS 平台内置了完整的业务逻辑，采用平台化和组件化的方式，让开发人员仅通过简单的拖拽即可实现个性化的应用程序搭建。北森认为，一体化 HR SaaS 或将成为解决企业当前痛点的新应用趋势。

企业 HR SaaS 应用虽然解决了 eHR 交付慢、付费形式不灵活的痛点，但是，企业 SaaS 应用场景固定，新模块迭代周期长，无法快速响应企业新增业务需求，这成为 HR SaaS 进一步提升客户满意度的障碍。如果没有 PaaS 平台支撑，企业 SaaS 应用是无法满足企业的个性化需求和实现个性化开发的。

基于这个判断，北森希望构建一个 PaaS 平台，在此之上实现 HR SaaS 的敏捷开发和快速迭代，解决企业想要实现个性化的诉求，客户可以充分利用北森 PaaS 平台，自己搭建专属的企业应用。通过更开放的方式，加速技术与业务之间的衔接，前端通过一体化人才管理云平台确保客户人才管理全流程业务的高效贯通，后端的个性化开发 PaaS 平台可以灵活支撑起不同场景下的企业需求。

但在 SaaS+PaaS 路上越走越明朗的北森，本质上还是沿用了套装 HR 软件转型 HR SaaS 再到 SaaS+PaaS 的老套路，这明显与国外 eHR 套装软件产品同质化，是否能抓住中国企业数字化转型的浪潮，提升自家产品在市场中的竞争能力，突出 eHR 套装软件市场重围，还需拭目以待。

金蝶 sHR：老牌 eHR 套装软件厂商的新春天

金蝶国际软件集团有限公司创立于 1993 年，总部位于广东省深圳市，是香港联交所主板上市公司。金蝶是中国领先的企业管理软件及云服务提供商，金蝶 sHR 基于企业人力资源管理模式创新，通过专业的人力资源管理核心平台、社交化的全员自助服务平台以及开放的云端应用，帮助集团企业构筑核心组织能力。金蝶 sHR 面对“互联网 +”时代对人力资源管理提出的全面挑战，秉承“战略驱动、全员互联、社交协作、人才供给”的 4S 产品理念，聚焦集团企业的人力资源管理典型需求，为大中型集团企业带来全新的应用体验。

金蝶在云 ERP 领域，特别是在财务领域一直是中国的佼佼者，但在 eHR 领域却一直难以撼动国外 eHR 厂商在中国的市场地位。最近几年，金蝶抓住了国际大环境变化的契机，制定了深度绑定华为需求的战略。早在 2018 年，金蝶就与华为正式签署了战略合作协议，双方围绕企业级市场，在云计算、大数据和 AI 等前沿领域展开全方位、深层次的战略合作。2020 年，金蝶与华为在 HR SaaS 上展开了深度合作，旨在将金蝶多年的 ERP 设计理念，以及金蝶云-苍穹的扩展能力融入华为的管理系统中，打造华为内部的 HR SaaS 产品。这次合作对中国 HR 数字化转型具有借鉴意义。该项目第一期已于 2020 年末上线，相信基于华为的江湖地位以及国产化的大浪潮，HR SaaS 产品一定会在市场上掀起巨大波澜。

金蝶 sHR 作为一款社交化的 HR 工具，在 HR 业务管理、员工自助服务、HR 共享服务、决策支持等多个领域满足企业多业务、多组织、全球化、年轻化的人力资源管理诉求，增强企业 HR 对外部环境适应的灵活性和敏捷性。但从金蝶的一体化发展路径来看，虽创新了不少软件管理理念，但系统架构的理念仍类似传统 HR 套装软件，这有其优势和劣势：优势是基于一个平台，提供一套解决方案，系统稳定性、使用体验一致性提升；劣势是浪费了历史投资，无法使用最新最好的业务管理模型和技术，一旦适配，将来 HR 业务模式要变革提升，受 IT 系统能力制约，变革阻力大，适配难度和成本会较高。

用友 eHR：持续朝大型全功能套装软件方向努力

用友 HR 作为用友 ERP 的组成部分，在国内各类企业中应用广泛，其中亦不乏大型企业。基于多年的本土应用实践，用友 HR 也在不断改善升级，产品功能日益丰富，更趋强大。在部分特定功能上，甚至优于国际大型 eHR 产品。用友公司一直在耕耘，也一直在进步。当然，令人比较担心的是，当用友的目标是大型成熟企业客户，采用的仍然是国外套装 HR 系统的思路时，用友 HR 系统有可能会在大型成熟企业中遇到多路友商的直接打击，同时，越来越难适应国内以中小企业为主的企业群体的个性需要。

中国市场上常见的系统，除了上述之外，还有东软 HR、浪潮 HR 系统、明基逐鹿、嘉扬等等。那些早年就已进入 eHR 领域的厂商，基本都在朝着大型全功能的 eHR 套装软件方向努力。

中国头部大厂 HR 数字化的典型实践

钉钉智能人事：让管理驱动更极致

钉钉成立于 2014 年，致力于通过免费的方式来让更多中小企业能够享用和大企业一样平等、透明的工作方式，从企业内部即时通信出发，逐步扩展到协同办公以及人力资源管理领域。钉钉“智能人事 1.0”产品作为在 HR 领域的布局主要包含假勤管理和人事管理两大板块，可以通过云端统一管理花名册，实现可视化的人力数据分析。钉钉基于其在资金、用户数量、研发能力上的优势，快速积累客户，构建 HR SaaS 领域生态平台，在基础模块之上，通过接入第三方应用为企业提供更多专业的选择。随着智能人事的功能不断迭代与升级，钉钉从智能考勤到智能人事再到智能人事加强版，未来将会满足中小型企业的更多人力资源管理需求。

钉钉智能人事具备构建 HR SaaS 领域生态平台的能力。首先，钉钉背后是数千名阿里巴巴工程师，钉钉智能人事的原型就是阿里巴巴集团在用的人事系统，服务全集团 5 万～6 万员工，产品功能齐全，也能满足各种复杂的需求。未来将会完善成和阿里巴巴人事系统一样的功能，覆盖 HR 日常工作涉及的六大模块（人力资源规划、招聘与配置、培训与开发、绩效管理、薪酬福利管理、员工关系管理）。其次，钉钉智能人事最大的特点是和钉钉的结合，让智能人事管理建立在统一通信能力基础上，和钉钉上的考勤、审批、日志、消息、任务、DING 等数据全面打通，企业管理者可实时了解公司的各项指标，这无疑会让企业的沟通、协同更加简单、高效。这也是钉钉智能人事所具备的天然优势和产品价值，并且是其他产品所不能拥有的。

当下不少企业已把钉钉作为企业管理工具，大量员工信息存储于该平台，钉钉人事加强版，在不改变企业原本使用习惯的前提下，将平台数据有效利用，还能使用其他更全面的功能。用户可以通过钉钉入口，进行复杂的人事管理，无须进行数据迁移，更无须下载新的软件，在不增加操作复杂程度的前提下，升级管理水平。

以往传统的HR系统有两种付费模式，按使用年限收费或按照使用人数收费。以一家100～200人规模的企业为例，如果采购专业的HR人事系统，每年要花费6万元左右，这对中小企业是较大的负担。所以很多中小企业在员工入职、调岗、转正、离职、考勤统计、薪酬计算、社保缴纳等环节还是以传统人工的方式进行。在企业服务市场这个大范畴里，面向HR的专业细分领域的企业服务需求一直是未被满足的。而钉钉的到来犹如一股春风给整个HR SaaS领域带来了新的活力。随着钉钉的进入，这一领域的市场需求也开始被慢慢激活。尤其是在中小企业中，钉钉智能人事得到了较多的青睐。

回到办公场景，智能人事当前主要用户为中小客户，以考勤作为入口，一方面确实加强了管理，另一方面随时随地“钉”让有些用户苦不堪言，尤其是新一代的年轻员工，常常抱怨有种时时刻刻在被强制接收消息的感觉。钉钉走的是把管理驱动做到极致之路，很容易忽视员工的自主性和自驱力。所以这对于需要不断激发员工自身创造力和驱动力的企业而言，可谓有利有弊。

平安 HR–X：让触感体验更极致

在金融 + 科技、金融 + 生态的战略转型背景下，平安集团以其独到的管理理念全面推进 HR 数字化转型，引入全球最先进科技，自主研发了平安智慧人事一体化平台 HR-X。在平安内部深度应用的同时，HR-X 开始实现对大中型企业的解决方案输出。

HR-X 充分融合了平安 30 余年超大型组织管理的先进经营理念和实践经验，可分别针对企业的不同战略目标、发展阶段以及企业文化特征提供相应的管理模式、思路和系统功能，帮助企业打造高效执行的创新型组织，实现“提升经营业绩、激发员工活力、保障数据安全”三大价值主张。

HR-X 是一套以 CEO 视角设计的经营管理解决方案，从传统的赋能 HR 向赋能主管转变。在产品设计理念上，HR-X 秉承“简单、温暖、专业、创新”的产品理念；在感官体验上，推崇极简风格，页面布局清晰简明、主动直接，“少即是多”的原则充分体现；在交互体验上，设计明确的任务流、用户流，确保超高流畅度。同时，与一般 HR 产品着力流程设计不同的是，HR-X 是基于场景的设计，充分满足不同用户不同场景下的服务需求。平安庞大的体量和繁杂的业态，也为多样化的用户场景搭建提供了肥沃的土壤。一改以往千篇一律的标准化服务，

HR-X 重点打造“千人千面”的智能化服务模式，根据岗位、行为、能力、社交属性、测评结果等数据标签，向不同人群智能推荐不同的服务内容。凭借对用户体验的追求，HR-X 得以在同类产品中脱颖而出，不仅赢得极佳的用户口碑，也在业内斩获不少奖项。未来，以用户为中心、以人为本的理念，将持续灌输到 HR-X 的产品设计中，不断更新迭代、升级优化。

HR-X 主打在人事服务中提供极致的体验，尤其是在用户交互设计上非常用心。但相对来说，整个 HR-X 还是基于平安集团原来使用的 PeopleSoft 的 HR 套装软件模型思路，虽然在规则配置以及流程设计上补充了很多平安集团的人力资源管理实践，但产品功能仍然以管理意图的落地为主。在员工体验越来越被重视的时代，好的体验必不可少，但更重要的是对人性的思考，在产品核心理念上，如果没有真正地破除管控员工的思路，则无法推动对员工的激发。简单管理，全面激发员工的内生动力，让员工具备活力，这是当下以及未来企业想要获取更大组织效能的重要途径。怎样才能适配层出不穷的新管理理念，构建起有效的 HR 软件基本模型架构，是一个需要深度研究的问题。

飞书 OKR：在单一 HR 场景创造性的实验成功

字节跳动孵化了首款企业级办公协同的产品，在国内正式上线时起名“飞书”。飞书包括即时通信、在线文档、日历、视频会议和线上办公室的办公套件，专注提升协同效率，在字节跳动公司内部实现员工全覆盖。

2016 年 7 月，字节跳动正式上线自研的 OKR 系统，通过周日大讲堂和内部直播课对公司全员进行培训，在管理层、中层和全员层面推广，自上而下地推进 OKR。每个双月，张一鸣会在“CEO 面对面”活动中对上个双月的 OKR 进行打分；在公司层面会同步推进，各个团队会将 OKR 写进周报里，在周会上各成员根据 OKR 完成情况进行总结。后来，OKR 系统和飞书打通，为员工带来更多便利。一方面，员工可以通过飞书快速收取 OKR 周期提醒、关注同事的 OKR 变动提醒等各种通知；另一方面，员工还可以直接在飞书中查看他人的 OKR，即便是和完全陌生的同事对接，也能快速了解对方近期的工作，有效促进合作，而不会像无头苍蝇一样到处乱撞和碰壁。现在飞书 OKR 已经向所有企业开放。

飞书 OKR 管理工具支持进度跟踪、划词评论、数据看板、权限管理，以及管理者和员工之间的目标统一化等功能，为用户提供可视化的全流程管理系统。从 OKR 制定、中期跟进到 OKR 完成及评分，进度一目了然，便于团队目标一致，做好进度管理及协同。在团队作业中，沟通是必不可少的，在企业 OKR 的实施过程中，有效的沟通更为重要，飞书 OKR 能够聚焦重点项目，针对问题随时进行线上协作沟通，并且及时更新进度，让沟通更为高效，也让目标更快地达成。在 OKR 实施的过程中，尤为需要注意的是管理过程的公开和标准量化，飞书 OKR 通过量化的关键结果和评分机制，将标准量化，驱动团队和个人不断达成团队目标，共同进步。飞书 OKR 不仅是一款 SaaS 级的应用产品，还为企业配备了专业的服务团队，主要负责传递 OKR 的理论精髓，让企业 OKR 的实施更加顺利。

总览飞书中与 HR 相关的场景，仅仅靠 OKR 这个单一场景产品，就带动了整个飞书市场占有率的提升。在中国的 HR SaaS 市场，细分领域比如专注劳动力管理的盖雅、专注薪酬管理的易路等，它们在单一场景产品上都取得了很好的成绩，当然，这些厂家在单一场景产品取得成功后，都开始准备进入 HR 核心人事领域，因为这里有更大的市场空间。不过目前来看还没有非常成功的案例。字节跳动自研的 HR 系统 People 目前还没有对外开放，未来能否完整搭载飞书一起推出，推出后是否也有如飞书 OKR 般的创新，市场拭目以待。

华为 WeLink：连接器思维实现 HR 数字化第三代飞跃

华为 HR 体系的数字化进程有三个比较典型的阶段，分别是基于IBM的Lotus办公套件构成的HR-notes时代、以Oracle EBS HR系统为底座配套HR模块自助研发的时代，以及通过连接器思维实现HR大平台加小前端的WeLink-HR时代。

HR-notes开启华为HR信息化

华为自成立起，就非常注意企业的信息化建设，前10年华为的IT系统以Email和MRP Ⅱ（物料生产计划管理）为主，那时没有专业HR的应用系统，但为了配套MRP Ⅱ，华为采买了SAP的coreHR模块，主要承担组织配置、员工信息和考勤管理的职责。

1999年华为请IBM做IPD项目咨询的同时，引入了IBM使用的办公软件，包括具备文档、图表、幻灯片制作功能的Lotus办公套件，类似于微软的Office，以及邮箱和可供低代码定制开发的应用系统，即Lotus Notes。Notes应用系统是一个图标一个应用，早期主要是公告栏、文件夹、个人或共享图表，通过低代码的定制开发实现“无纸化办公”。

当时华为很多部门自行在Notes平台上开发HR应用，效果非常不错。那时华为集团HR部门叫人力资源部，各大业务系统的HR部门叫干部部。有些干部部就自行开发员工信息系统，包括员工基本信息、部门变动、培训信息、绩效信息、荣誉信息、薪酬信息等，而且每一小块都可以单独设置管理权限，培训部门还可以自行开发课程库、教师库、培训方案、培训档案记录、培训公告栏、管理者教室等。虽然当时的 Notes 版 HR 应用对流程的支撑、与用户的交互不是很理想，但是非常好地承载了流程输出、各类文档的存档和重复调用，而且这些应用和邮箱同在一个平台上，互通性好，再加上可以随意编辑页面上的文字、图形、表格，工作效率有了较大提升。

这种各业务部门将自身业务流程和信息从线下操作，部分或全部搬到以 Notes 为平台的线上的过程，可以称为华为 HR 数字化的 1.0 阶段。

eHR 套装软件结合 HR 自研应用推动华为 HR 数字化升级

2000—2004 年，华为 Notes 系统上已经开发了超过 2 万个应用，其中很多是基于各业务流程的应用，一些报表的分析功能也开发出来。随着使用深入，Notes 系统也面临着挑战，例如，在 Notes 上单个应用的容量有限，超过 4MB 就必须建立新应用，给文档的查找带来一些麻烦。另外，伴随着 Windows 系统的普及，微软 Office 逐步占领办公套件市场，华为给客户提供的材料，总是需要从 Lotus 的格式转换成 Office 的格式，由于转换效果不佳，经常需要重新制作，一对内一对外。2004 年之后，华为办公套件还是迁移到 Office，Notes 的应用也逐步向 Web 化发展。

2008 年，华为将核心人事功能统一到 Oracle 系统上，主要是组织、员工、考勤、发薪等人事模块，但其他 HR 业务功能还是自研为主。在自研系统中，例如绩效、任职资格、培训平台等系统，集团管理一致性较强，系统稳定性和成熟度相对高些。但类似组织绩效、干部管理、薪酬评估等模块，由于业务逻辑经常变化调整，甚至方法论体系也经常调整，业务稳定性和成熟度偏低，这些模块系统只是实现业务结果和档案的收集，还需要与华为外购的 Oracle 系统适配打通，因此每年需要花高额费用对 Oracle 套装软件进行再开发。

2009—2015 年，随着华为 HR 三支柱变革，SSC 拿到了部分 HR IT 系统的设计权，例如问询、考勤、发薪、入离职等。HR 的系统建设有了一些明显变化，比如包含各国家、各用工类型的全业务场景设计时，不仅是集团 COE 主导，各国家 / 地区部门 HR、SSC 运营人员也参与提供意见；在系统架构设计时，除了业务功能部分，还会增加业务运营部分的设计。

HR 各模块的应用系统逐步强大起来，功能也越来越丰富。从 HR 视角来看各业务模块，通过 eHR 套装软件的系统集成以及各 HR 业务应用的开发，基本实现了全自动或半自动的信息流转，可以称为华为 HR 数字化的 2.0 阶段。

华为 HR 数字化依赖 WeLink 办公协同“大平台”的成功

2016 年华为提出了企业的新愿景：把数字世界带入每个人、每个家庭、每个组织，构建万物互联的智能世界。同时，华为公司董事、CIO（首席信息官）陶景文提出“实现全联接的智能华为，成为行业标杆”的数字化转型目标。华为明确了数字化转型战略，提出面向用户（企业客户、消费者、员工、合作伙伴、供应商）实现“ROADS”体验，持续提升效率、效益和客户满意度。

ROADS，即实时（Real-time）、按需（On-demand）、全在线（All-online）、服务自助（DIY）和社交化（Social）。“实时”可以理解为提供给用户的决策数据和信息可以实时呈现，即可视化，不再是下载一堆数据表，再加工 1～2 周输出报告来支撑决策；“按需”，即查找和订阅获取，根据用户的需求精准提供数据；“全在线”是一个高标准的要求，将用户、活动、过程、结果进行全面统计，做到警告、信息告知和问答互动，业务量趋势、资源计划、效率分析等全部在线体现；“服务自助”是一种模式，一种用户习惯的养成和改变；“社交化”是一种趋势，尤其是涉及知识和内容应用的场景。

为提升员工协同效率，提供一个更简单、更高效的办公体验，华为正式启动了 Huawei Works（WeLink）变革项目，旨在用 3～5 年时间，完成 Digital Workplace 数字化转型，支撑线上线下精兵作战和跨企业团队协同合作，率先在内部面向员工提供 ROADS 办公体验。

2017 年 1 月 1 日华为发布全连接平台 WeLink。相对于原有的办公模式，WeLink 有三大理念的转变：一是从以功能为中心转变为以用户为中心；二是从关注系统发版上线转变为关注有没有解决用户问题，解决了什么问题；三是从满足用户永无止境的需求到转换思路——做一个连接器。基于理念的转变，WeLink 推动了华为内部各种办公应用之间的融合，通过建立与团队、知识、业务、办公设备的连接，打破内外协同边界，构筑了简单、安全、高效的极致数字化办公体验。

今天的 WeLink 不仅是一个办公的基础平台，而且成为一个连接器。华为有很多存量的业务应用系统（CRM、HR、财经、行政、研发、供应链等），为了保障这些基础投资不浪费，WeLink 开发了一个叫作“We 码”的平台，We 码就是 WeLink 小程序，可以很容易地连接业务和服务，用户无须下载 APP 就能使用服务。通过 We 码平台，WeLink 可快速接入内部业务服务和外部公有云 SaaS 服务，实现 IT 敏捷建设，快速响应一线市场变化。

WeLink 通过两个引擎（搜索引擎与推荐引擎）、两个画像（用户画像与知识画像），识别用户的搜索意图，形成智能的知识推荐，让知识去找人而不是人找知识。用户画像包括组织信息、项目信息、协同关系、行为数据等，知识画像则包括分类、摘要、标签等。通过智能知识推荐，WeLink 让员工可以轻松找到所需要的企业知识。WeLink 知识平台融合了文字、视频直播、视频点播等多形态服务，为员工提供全渠道学习环境，以更便捷的方式获取企业经验。WeLink 打造的企业级在线直播服务，让全球员工可以 3 秒钟接入各种大会直播、业务培训，实现企业知识传递。WeLink 还可以根据员工所在组织的属性、沟通关系和知识消费习惯，为不同员工整合更适于其阅读学习的文档、业务案例、媒体流等资讯，做到千人千面的知识搜索及智能推荐，降低员工知识学习成本，提升个人作战效能。基于 WeLink 知识平台，员工可以通过博客、知识社区、iLearning 专家讲坛等渠道，进行知识分享和交流。同时，WeLink 平台整合了外部资讯内容，让员工仅登录内部平台就可以阅读各类资讯。

WeLink 通过建立员工与会议屏幕、会议设备、办公装备的智能连接，将员工从各种复杂的设备、线缆接入中解放出来，提升会议体验及工作效率。例如通过输入会议室屏幕 ID，员工可快速将 PC、手机上的材料无线投到会议屏幕，进行材料讲解；扫码入会让员工仅需通过 WeLink 扫描会议二维码或点击会议链接，即可从任意终端 3 秒内接入会议现场，与其他参会者进行“面对面”交流；异地协同则通过 WeLink 电子白板，方便员工在开放区、会议室快速组织本地会议或远程会议，进行项目沟通协作，白板上的沟通纪要可一键发送到员工邮箱，提升会议效率；WeLink-IoT 通过人脸识别鉴权、会议室灯控、无线投影、无线打印、扫码入会等，让园区更智能，让连接更高效。

WeLink 通过“All in one”让世界变得更简单，即用一个连接器解决所有数字化办公的问题。WeLink 的群组体验与微信类似，但是与工作环境结合起来了；同时消息、空间、文档分享以及公告、投票、发起等面向群的服务，全部可以自定义，不同的群配置了不同的服务，全部在云端定义。而 WeLink 的语言翻译也如流水般顺畅，打开翻译引擎后就可以通过“不打扰用户”的方式完成翻译。

WeLink 还在“Mobile First”的用户体验方面下足功夫。例如 PPT 通常由于文件内存比较大而在手机端下载很慢，PPT 打开时常常在手机端出现闪退现象，在 WeLink 云空间打开 PPT 时，采用的是流式技术，无须全部下载就可以看当前页，这样就做到了打开 200MB 文件甚至同时翻译的秒级响应体验。

随着业务发展，WeLink 采多家之长，结合自身特点，逐步成为企业门户，以政策（政策讲话、公司文件、公告）和知识（热点、博客等）为核心，集成职能服务入口、待办 / 申请 / 搜索的系统入口，使用起来高效便捷。

如今，华为全球 18 万员工全面使用 WeLink，WeLink 用户遍布全球 170 多个国家和地区，每日活跃用户达 12 万，为员工带来全新的办公体验，华为团队协同效率及跨企业协作效率有效提升。2018 年 9 月，华为还把 WeLink 对外输出，作为公有云服务的一部分。

从国内外大厂实践可以看出，HR 数字化产品在帮助企业提升“管理效率”的同时，也开始关注员工的“用户体验”。数字化体验已成为企业变革的重要驱动因素。企业正逐渐摒弃传统意义上以获客为核心的营销模式，转而致力于创造更多以人为本的互动，包括与员工和商业伙伴的互动。

腾讯 HR 助手：成功实现双引擎驱动的前中后台贯通

显而易见，eHR 系统与企业 HR 数字化最大的不同，是视角不同，大部分 eHR 系统厂商强调自己功能一体化，人才发展模块成熟，可以完全适配企业，但需要长时间的定制化部署实施，价格不菲，强调企业可以一次购买一劳永逸。但企业选择 eHR 的核心目的是满足企业自身业务发展的核心需要，HR 数字化诉求的背后，不同企业想要解决的问题千差万别，在企业发展的不同阶段，会出现大量新的不确定性需求，企业希望数字化产品更具灵活性、可选性，最好是投入不大，试错成本低，同时，为了更加关注员工体验，需要系统整体操作习惯和易用性能与市面上发展很快的移动化、社交化的成熟互联网产品看齐。

在 2012 年以前，腾讯 HR 团队一直在 HR 系统自建和 eHR 套装系统外购之间徘徊，虽然在 2012 年外购了 PeopleSoft 系统，但也仅仅是将其作为整个 HR 系统建设中的一个部分，PeopleSoft 无法完全满足腾讯 HR 数字化的诉求。究其核心原因，主要还是 eHR 套装软件在管理理念、用户体验、移动化和智能化的趋势上，达不到腾讯 HR 所期望的标准。

截止到 2020 年，腾讯在线正常运转的 HR 信息系统超过 90% 是依靠自研，其中腾讯 HR 助手这个纯移动端、完全依赖员工自驱使用的产品，是腾讯自研的 HR 系统中比较有代表性的一个。腾讯 HR 助手应用平台经过腾讯内部近 10 年打磨，已经成为行业内 HR 产品化的创导者和先行者，具有鲜明的移动互联网特征，深受新生代员工欢迎。腾讯 HR 助手以下一代 HR 产品理念为基础，提供管理驱动类、员工与组织驱动类两大类产品，覆盖企业内多种运作场景，提升企业管理效能的同时，不断激发员工使用这个产品的兴趣。

腾讯 HR 助手的起源

2011 年 1 月，微信 1.0 版本推出，在上线 433 天后用户数达到 1 亿，上线 2 年时用户数达到 3 亿，这是非常高的增长速度——相对于在此之前的所有PC互联网产品，这是绝无仅有的。同时随着智能手机在市场上的风靡，移动硬件设备、APP产业链以及用户群体的认识度都已逐渐成熟，移动互联网也迎来了发展的黄金时代。

在2013年的腾讯战略大会上，腾讯CEO马化腾提出“打造精品、拥抱移动互联网”，这意味着腾讯已经非常明确地把全面移动化作为公司的重要战略。微信在2012年8月推出公众平台，在上线之初，只是作为一个自媒体试验场。之后微信团队不断探索在更多领域和行业场景的应用结合。2013年3月，微信公众平台孵化出菜单功能，邀请腾讯内部产品团队体验，腾讯HR平台部基于这个新功能，创新性地提出了HR系统全面移动化和产品化的理念，将公众号作为企业面向员工服务的全新平台，并给这个新的产品取名为“腾讯HR助手”。

管理大师德鲁克对互联网的影响力有过十分肯定的判断：“互联网消除距离。”这种影响具体体现为两点，一是消除空间的地理位置，二是改变了信息不对称的主动方和被动方的地位。所以，PC向移动时代的跨越，并非功能的迁移，而是由原来以流程为驱动、以HR职能为中心的产品，向以员工个体为中心、重构场景化和服务模式的本质变化。腾讯HR助手从产生之日起，就是为个体而生，摒弃原有系统和流程的桎梏，对场景进行碎片化解耦与重组，提供友好的操作界面，员工仅需简单的操作便能完成高效的功能。

一个新事物和新形态产品的出现，一定会有很多的挑战和质疑，例如：大家一整天都坐在办公室，PC 端是主流，为何要做移动端？用户是否习惯移动端操作，会不会有信息泄露问题？为何不做 APP，而选择微信公众号的形式？HR 系统中那么多复杂的系统和功能，哪些放在移动端？和 PC 端的差异是什么？这个产品未来 2～3 年的规划和目标是什么？……这些质疑不但没有打消产品团队的信心，反而让团队更加坚定目标，沉下来思考这个产品的最核心的价值和定位，全力以赴。

从用户中来，到用户中去。产品团队每天上班的第一件事，就是打开公众号的后台，看用户的留言和互动关键词，看用户每天的增长和流失数据，了解大家有什么看法和建议。每周产品团队都会找至少 10 名新关注用户和取消关注的流失用户做访谈调研，了解他们使用的场景。走到员工身边观察他们的操作方式，了解员工操作过程中遇到哪些问题，惊喜点和不满点在哪。

用户的心声给产品团队带来了源源不断的灵感和前进的动力。而在员工眼中，这个 HR 助手真的有点不一样。员工参加培训后对培训课程不满意会在后台留言，对于公司新推出政策不理解可以直接问询，遇到职业发展上的困惑亦会留言倾诉……这些用户的真实心声的吐露，都为后续产品新功能的创新打下了基础。

HR 助手上线之初，就一直保持高效敏捷迭代的节奏，基本每周都会有 1～2 个版本发布，团队每天都会关注公众号有了什么新能力，一有新玩法就会立马尝试。比如身份认证、关键词回复、地理位置定位、语音搜索等功能，都是在功能内测期就结合 HR 场景第一时间进行应用。

HR 助手推出 3 个月后，就开始在公司全员范围形成口碑传播，在没有大规模宣传的情况下，半年内员工主动关注率已经达到 70%。也有一些同事提出，希望能强制员工关注，这样就能直接覆盖 100% 的员工了，而产品团队拒绝了这个提议，因为团队觉得要尊重用户的选择，不能把使用产品当作一个 KPI，这样反而会带来用户的反感和被动。同样对于这个产品，团队也是秉承从内心的喜欢和热爱去建设，在产品初期整个团队人并不多，还身兼其他工作，但是运转非常高效，大家都沉浸其中，全身心地投入，贡献自己的智慧。

基于双引擎理论的产品能力贯通

一个产品之所以能成为一个产品，必须有一个丰满的灵魂和价值观，才能透过每一个功能、每一个界面和交互去传达态度和思想，用户在使用这些产品时，无形之中就能感受到我们的用心和诚意。腾讯 HR 助手的使命是“为个体而生”，它不是只为企业和 HR 提供服务，而是更加关注多样化的个体需求差异。在竞争日益激烈的全球化经济环境下，具有吸引力的体验将帮助企业成功吸引并保留优秀员工，强大的员工体验也会带动强大的客户体验。同时，在信息透明度不断增加以及千禧一代影响力不断扩大的数字化世界里，员工也期望获得富有成效的、有吸引力的、令人愉快的工作体验。企业需要一个新方法——建立在文化和敬业度的基础之上，从整体上关注员工体验，整合包括工作场所、人力资源以及管理实践等影响员工的多种因素。这就是 HR 助手不同于其他产品的关键所在。

腾讯打造 HR 助手产品的底层逻辑就是基于“自主驱动”+“管理驱动”的双引擎理论。传统的人力资源管理体系里，大部分情况下由老板提出战略，制定明确的方向，通过流程、制度，确保方向正确，通过系统，让这些流程和制度固化下来。而新属性的出现，必须要让员工有一种自主驱动的概念，只有让这个企业既保留管理驱动的价值，又能够不断实现自主驱动价值，让这两个驱动组合在一起，变成双引擎驱动，这种组织运作方式才有可能适应未来，让组织的活力、驱动力，包括组织效能有大幅度的提升。这就是双引擎驱动的理念。展开来说，管理驱动围绕传统招聘选拔、绩效评估、组织发展、培训发展、薪酬福利、人事管理六大模块，以流程和数据为核心，推动管理提效。自主驱动是在管理流程的全链条中，放大并聚焦核心关键节点，通过数字化手段触达节点上的相关角色用户，以提升体验为牵引，激发员工的自驱力，反哺管理，实现人才增值。

管理驱动和自主驱动的双引擎驱动理念升级，利于公司应对复杂业态、代际员工管理等带来的挑战。管理驱动和自主驱动双引擎的共同作用，驱动组织与员工产生更大的创造力，实现组织战略和业务目标。双引擎驱动理念在产品落地上，必然会让一些基础能力受到考验，前端所体现出来的管理意图及用户意图要与中台紧密配套，就像三个不同转速的齿轮，构成“前端解耦 + 中台聚能 + 数据驱动”的建设策略。图 3-1 展示了前端解耦与中台聚能的协同。

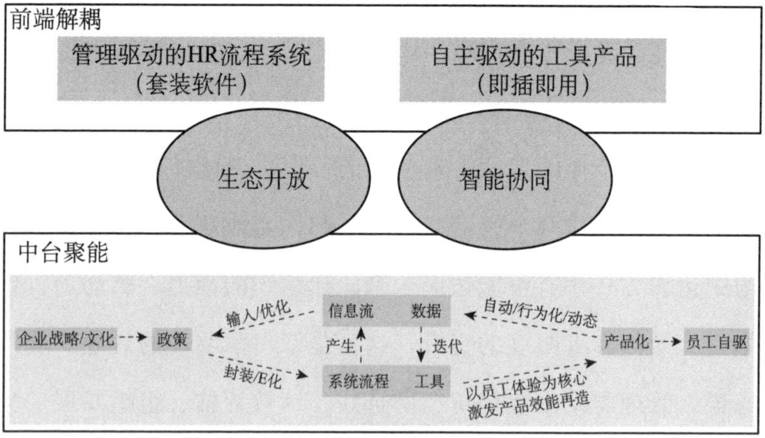

图 3-1　前端解耦与中台聚能

腾讯 HR 助手的开放之路

腾讯 HR 助手作为企业服务移动化的先行者，基于多年的腾讯人力资源管理经验，在产品架构和产品设计上依托微信及企业微信，同时借助腾讯云强大的安全运营能力，可以说在诞生之日就具备面向生态伙伴提供 HR 解决方案的能力。秉承用户价值导向，腾讯 HR 助手不断优化迭代 SaaS 产品 / 服务，提供持续创新、有竞争力的产品 / 服务。截至 2020 年，腾讯 HR 助手打造了覆盖人才吸引、人才评估、人才发展、人才体验、人才管理等领域的 18 个产品，并孵化出“企业微信版中小型企业解决方案”“SaaS 版中大型企业 HR 解决方案”“SaaS 多租户核心人事解决方案”等，为市场客户提供服务。腾讯 HR 助手依托企业微信，可以使一站式 HR 数字化产品覆盖 IT 服务、制造、批发零售、教育、生活服务等不同行业，不但全面覆盖企业核心的人力资源管理场景，还将腾讯双引擎驱动产品理念带给企业和员工。

腾讯 HR 助手推出多个企业服务应用场景的云产品，可以根据企业需求选择合适的产品。

例如，集 PC 端、移动端为一体的 HR 核心人事解决方案，可以直接访问腾讯 HR 助手上的所有企业及个人应用，移动端支持微信公众号、企业微信应用两个入口，数据通可以提供腾讯 HR 助手的应用与企业自身人事管理系统人员信息数据打通的能力。

简历智选产品包含上传简历、填写岗位、筛选简历等功能，根据岗位画像和简历解析，实现人岗精准匹配。

视频面试产品则是为用户提供线上视频面试以及面试服务平台，可以提供安排面试、短信通知等功能。

E 绩效产品以目标为导向、以人为中心、以成果为衡量标准，帮助员工明确并践行工作目标。该产品结合目标管理与绩效评估，帮助企业实现企业目标，辅助员工实现自我驱动。

云评估产品支持管理干部评估、人员晋升评估、组织绩效评估等多种评估场景。

E 工时产品是工时数据集成平台，为用户提供组织人力资源投入情况分析。

薪云产品可以为用户提供线上薪酬信息管理的平台。员工可以查询个人薪资明细数据；支持针对组织或个人授权，查看下属薪资。

团队贺卡产品以团队的形式送祝福，一人发起邀请，团队成员共同参与。支持多场景，对管理者有下属生日提醒功能，支持农历 / 公历生日修改。

实践证明，只有站在未来看现在，才能遇见未来。双引擎驱动的模式是腾讯管理变革思维的应用体现，在这个充满不确定性的时代，企业如果希望能在不断颠覆的技术和商业模式环境中寻找出路，最重要的就是在管理理念上变革，真正重视员工和人才管理，进而激发个体活力，充分认识到技术给人力资源领域带来的颠覆式影响，使得人力资源管理理念从封闭走向开放、从传统走向创新，在管理提效的同时，激发个体创造力，实现企业与人才的共生共赢。

柔性链接，轻简演绎

每个企业都是独特的，不同规模的客户自身 HR 信息化体系建设情况不同，因此，腾讯 HR 助手制定了多种链接方案，以满足不同企业的需求和应用场景。腾讯 HR 助手支持企业微信对接、微信服务号对接、企业自有 APP 对接、API 接口对接。不论企业处在何种信息化建设阶段，都能灵活接入企业 HR 服务平台。

如果企业已有自购第三方应用或自研内部应用，可在腾讯 HR 助手应用市场选择心仪的应用，无缝接入企业已有系统的门户，为员工提供一体化、更便捷的快速办事入口。

腾讯 HR 助手支持企业自定义业务规则，自定义内容及自定义具有公司属性的定制化皮肤，产品理念强调去腾讯化，充分体现开放性，为客户提供强大的定制化能力。

腾讯 HR 助手强大的数据管理能力，来自腾讯内部多年的实践积累，可支持 HR 数据实时传递、组合，直观可视。该产品提供灵活的数据组合能力和配置能力，提供一站式数据决策解决方案。数据部署采用独立数据库，独立存储，独立计算单元，毫秒级异地数据备份，保障企业服务的稳定性与连续性。

腾讯 HR 助手对外部合作伙伴提供开放接口和开放生态，实现生态兼容。可以支持第三方服务商的应用服务通过 API 对接到腾讯 HR 助手平台，丰富平台产品线，让采购腾讯 HR 助手的企业感受到生态支持的全面性和便利性。

腾讯 HR 助手提供的所有云服务依托于腾讯云，做到了全站加密。同时支持数据加密、域名加密、协议加密。企业数据全程采用 HTTPS/SSL 协议传输，使用加解密技术方案，同时严格执行相应的管控措施，确保端到端的网络传输安全。腾讯 HR 助手还提供灵活配置权限的能力，实现多级权限管控。提供多角色的权限配置，严格管控企业角色，不同角色可以灵活配置不同的功能、菜单、人员查看权限，通过授权的方式保证企业各类管理角色运转。

04

第四章

让 PA 成为数字化 HR 的新职能

HR DIGITALIZATION MODE

随着企业信息化的不断推进，人力资源管理对数据的应用成为时代发展的趋势，同时，企业信息化也对人力资源管理提出了新的诉求：以员工体验为核心，提升人力资源管理的产品化水平，通过丰富多样的数据应用产品，让员工在创造力和活力上有更强的自我激发。这些新的诉求也让 HR 的职能不断扩展。随着 HR 业务的快速发展、规模的不断扩大，业务逐渐多元化，有更多的数据产生，由此也催生了 HR 新职能——PA（People Analytics，人力资本分析）。PA 对于衡量组织 HR 配置的有效性、HR 运行效率、组织整体绩效和运营成果，具有重要的意义和价值。

PA 与 HR Analytics、Human Capital Analytics 这些词，在概念上是类似的，指的是一种在人力资源管理工作中用数据驱动、产品设计等思维来进行人员管理的方式，以期重塑企业人力资源管理的传统价值，从个体、团队或公司层面帮助企业实现最大产出。

过去，我们所熟知的 HR，主要工作包括招人、发工资、搞培训、组织发展等。HR 三支柱理念让 HR 在职能上有了新的内涵，即 HRCOE、HRBP、HRSSC 三种角色并重。不论哪种角色，都期待减少事务性工作，聚焦核心价值工作，让 HR 具备适应企业发展的自我升级能力。例如，通过 HR 场景化产品设计，让业务流程与内容平台充分整合和自动化，推动员工自主完成事务性工作，让 HR 逐步从处理员工日常琐事中解放出来，更聚焦在组织的变革发展及人才战略升级的工作上。通过全方位记录员工、岗位的所有历史与动态行为数据，可以更精准掌握员工的画像、预测员工未来的工作表现、为员工匹配合适的岗位；通过观察团队状态、组织政策与外在环境对组织内部人力资本的影响，可以调整对应的人才对策与治理方针。

越来越多的企业开始重视并着手探索管理数据的价值，希望通过数据赋能业务，培养团队更全面的能力，并打造最优秀的政策、方案、产品，提供给公司、团队、管理者与员工使用。

随着大数据及 AI 技术的发展，以及产品思维在 HR 领域的广泛应用，HR 团队不论在广度还是深度上，皆比以往对企业有更大的价值产出，当然，对 HR 团队也提出了更高的人才要求。

什么是 PA？

溯源

PA（人力资本分析）的思想起源于 1911 年，著名管理学家弗雷德里克·泰勒（Frederick Taylor）在其《科学管理原理》

（*The Principles of Scientific Management*）一书中提出，通过衡量员工所做的一切来优化任务、提高他们的工作效率。20 世纪 80—90 年代，HR 部门的职责逐渐由行政管理向招聘、培训和薪酬绩效管理过渡，这带来了对人员招聘和配置、雇员培训和发展等 HR 流程及其效率的测量需求。但直至 21 世纪的前十年，PA 才真正在企业中落地。在这个时期，互联网的迅速发展和企业收集大规模定量和定性数据的能力上升，提升了组织衡量流程的能力，并产生了其他相关需求。因此，大型跨国组织开始创建 PA 团队，但是早期这些团队人数少，扮演的依旧是行政的职能角色，主要开展数据收集、统计、报告和业务诊断等工作，为少数高层人员提供信息。

2008 年的全球金融危机改变了 PA 的发展进程。大数据的出现以及市场部等业务部门对数据分析的使用，伴随着对所有事物的效率和有效性进行衡量和监控的需求，人们意识到数据分析的重要性。一些大型科技公司开始将先进的数据分析方法与心理学、行为学理论结合，并尝试建立大型 PA 团队，专注于预测和分析复杂的项目和扩展解决方案，利用技术实力去创造重要的价值。例如，21 世纪初期，谷歌进行的“氧气项目”中，PA 团队收集并交叉分析了包括考绩评量、团队表现、员工访谈等多来源的 1 000 多项数据，归纳出高效管理者的运作法则。这个项目让 PA 对于企业的价值进入主流视野，获得了广泛关注。之后，许多跨国公司跟随潮流建立了 PA 团队。但这些团队的主要角色仍然是服务于高级 HRBP 以及一些高级管理人员或者董事会的需求，为其提供报告、看板和数据，提供复杂和高级的分析。随着创新时代的市场需求变化，越来越多的首席人力资源官被要求对人力资源管理体系进行现代化改造，包括充分利用数据分析来驱动、辅助和优化人才管理的决策与措施。因此，在公司内部，PA 逐渐从 HR 内部的补充功能转变为人员和业务战略的核心组成部分。2017 年，69% 拥有超过 10 000 名员工的公司拥有一支 PA 队伍。[①] 2020 年，新冠肺炎疫情的暴发使 PA 的重要性再次凸显。PA 能够有效地向公司高管提供因疫情暴发出现的新事件的数据和信息，如远程工作效率、旷工和员工心理健康等，这使 PA 的功能提升到涉及日常运营决策和长期战略情景规划的紧迫性和准确性的新水平。

PA 的基础职能

HR 数字化转型在数据领域面临的核心问题，说到底，必须通过数据资源集中化的方式，引导 HR 业务运营能力的整合与优化来解决。HR 业务运营水平的高低，也是衡量组织效率和为业务赋能的标尺。想赋能业务，做到真正的降本增效，不能单

① Levenson A, Pillans G. Strategic Workforce Analytics. Corporate Research Forum, 2017.

纯在数据分析和可视化展示上下功夫，还需要对战略层、组织架构以及文化配套等方方面面进行调整。

数据资产的统一管理，需要建立统一的数据采集机制，同时整合大数据的处理、计算、存储及数据服务能力。数据资产图谱可以为数据资产管理提供统一的可视化工具。当然，这一切只是打下了数据资产的基础，数据资产的核心仍在于数据的共建共享、共创价值。

HR 业务的数字化运营需要以业务数据共建为前提，以数据标准和数据入湖为基础，建立统一的数据资产管理中心。因此，想要实现数据资产化，首先要共建元数据，做到数据的统一集中处理与管理，实现数据打通、业务协同融合、数据共享共用，同时，降低数据处理成本，提升使用效率，让数据更好地发挥价值。元数据的共建需要以需求为导向，以满足需求为项目切入点，从数据的应用需求出发，收集业务部门最迫切、最重要的数据应用需求，避免大而全的项目建设。数据是企业真正能发挥价值的武器，只有先打破业务之间的数据壁垒，实现业务数据化，才能真正应对前台灵活多变的数据需求。这就需要从公司层面进行推动，自上而下，真正将数据资产的建设落到实处。

数据共享的前提是各业务数据都遵循一定的规则。在任何数据产出中，都需要标注规范的指标名称，相同名称对应相同的计算口径。业务含义相同或相似但名称不同的指标，需要进行整合，减少累赘的指标。在取数代码或者分析代码中，要有清晰的注释来说明计算逻辑和字段定义。只有遵循这些基本规则，才能让数据使用者更方便地查阅具体指标的名称、计算口径、样例代码、负责人、变更历史等信息，降低沟通成本。这些规则应该作为数据治理规范的基本内容，同时辅以数据标准及数据采集规范、数据来源和血缘关系、数据质量的检核规则和监测要求。完善的数据治理规范是数据共享共建和共同使用的最基本前提。

PA 发展的尴尬

2020 年领英的《人力资源中的分析崛起》报告阐述，亚太地区 HR 队伍中的专业分析人员在五年内增加了 70%，中国 PA 相关的工作岗位正呈指数级增长。近年来，随着宏观经济放缓，投资资本回报率降低，人力成本增加，越来越多的中国企业开始关注企业组织效能。这为 PA 的发展提供了契机。同时，数据分析一直是中国很多高科技企业和互联网行业商业模式的重要组成部分。这些促进了 HR 数字化和 HR 数据分析在中国的迅速发展。

但也不难看到，中国的 HR 数字化和 PA 还面临很大的挑战，大多数企业领导者认为财务数据比 HR 数据更加重要，而且在很多企业中，事务性工作占到 HR 整体工作的 70% 以上，让 HR 很难在 HR 数字化和 PA 上投入精力，更别说通过数据来驱动企业组织效能的提升。

其实，在中国一些头部企业中，已经将 AI 技术和机器学习算法应用到 PA 之中，针对员工行为追踪、员工生产力分析以及离职预警等进行尝试，但这些尝试大多不是由 HR 部门主导的，而是其他业务部门随机进行的。到目前为止，全面的 HR 数据工程体系、HR 数据分析平台以及 HR 数据分析能力培养体系在中国企业中还没有广泛建立。绝大部分企业内的 HR 还处于提升传统 HR 功能模块的阶段。

中国企业在数字经济浪潮下的数字化转型，让 HR 数字化和 PA 获得加速发展的机会，尤其是一些头部企业，率先将 AI 和机器学习技术应用到 HR 数据分析领域，随之而来的是重视 HR 数据工程平台的建设、加大 HR 数据科学的研究投入以及 HR 数据类产品的研发和应用。这也是 HR 从业者的一个重大挑战和机遇，PA 这个新的重要的 HR 职能将迎来快速的发展。

大数据时代 PA 的挑战与机遇

大数据是什么？

大数据（Big Data），是指海量和多样化的信息资产。麦肯锡全球研究所给出的定义是：一种规模大到在获取、存储、管理、分析方面大大超出了传统数据库软件工具能力范围的数据集合。现在的社会高速发展，与之相伴的是信息爆炸产生的海量数据，我们迎来了大数据时代。

IBM 认为大数据的特征为四个 V：一是数据规模庞大（Volume）。国际数据公司（IDC）的研究结果表明，2008 年全球产生的数据量为 0.49ZB，2009 年的数据量为 0.8ZB，2010 年增至 1.2ZB，2011 年高达 1.82ZB，相当于全球每人产生 200GB 以上的数据。2020 年全世界所产生的数据的规模比 2011 年增长 40 倍。二是数据种类繁多（Variety）。大数据所涉及的数据不仅是传统意义上理解的来自关系数据库的结构化数据（比如年龄、性别、绩效等数据就是结构化数据），还包括类似 CSV①、日志、XML、JSON 描述得到的半结构化数据（比如系统操作记录等就是半结构化数据），以及类似电子邮件、文档、PDF 等非结构化数据和图像、音频、视频等二进制数据。三是高实时性（Velocity）。大数据时代数据更新速度快，每人每天都在产生数据，数据实时处理的速度决定了企业的优势。四是价值性（Value）。海量的数据只有被使用才能产生价值，如何在海量的数据中快速完成数据的价值挖掘，是大数据时代亟待解决的难

① CSV（Comma-Separated Values）即逗号分隔值，有时也称为字符分隔值，其文件以纯文本形式存储表格数据。

题，有价值的数据才称得上资产。

在电影《天下无贼》中，葛优有一句经典台词：“21 世纪，什么最贵？人才。”当今时代，大数据渗透于各行各业，改变着人们的生活与工作。可以说，21 世纪，人才最贵重，数据最有价。

比如，在广告领域，通过对用户购买行为数据进行偏好分析，进而进行商品的精准推荐和广告的定向投放，提升广告的 ROI（投资回报率）；在汽车领域，采用大数据和物联网技术的无人驾驶汽车将带来一场百万亿级汽车产业革命；在安全领域，利用大数据可实现对黑色产业的精准打击；在体育娱乐领域，还记得 2010 年的世界杯明星——章鱼哥么？章鱼哥的预测很准，但可以肯定，大数据预测比赛结果一定不会比章鱼哥差。

城市管理与我们每个人息息相关。大数据可实现智能交通，通过对人流的实时监测控制红绿灯长短，大数据还被应用至环保监测、城市规划等。2018 年纳入政府工作报告的全国政务服务改革提出了“最多只跑一次”项目，目标是打造服务型政府，要求政府建立为企业和群众全程服务和长效服务的工作机制，特别要把资源投向以改善人民群众生活质量，关乎千家万户的义务教育、公共医疗、社会福利和社会保障、劳动力就业和培训、环境保护、公共基础设施、社会安全等领域，全面提升人民群众的获得感和幸福感。各省市政府需要在价值取向、流程优化、信息共享、力量整合等方面增强意识和能力，识别民众的痛点堵点问题，理顺体制机制，界定部门职权，创新工作流程，打破“信息孤岛”。以深圳市政府政务服务为例，打通市政府 77 个部门，梳理 6 万多个政务办理事项，通过工作流创新，让群众从“跑多次”到“最多跑一次”“跑零次”。例如营业执照的办理从提交材料到办好，只需 24 小时，在以前完全不可想象。通过部门权力和职责梳理，实现从分散办理到集中办理，再到“一窗办理”“一站式服务”“全市通办”，政务服务越来越有温度，服务方式也越来越智能化。政务大数据打通后的应用服务，不仅促进了各部门服务能力的提高，还提升了用户满意度。

大数据与 HR

在互联网 + 的时代，信息化、数据化已经成为常态。例如，搜索引擎公司将用户的检索信息数据化，自媒体公司将读者的阅读内容数据化，购物网站将人们的购买力数据化。数据化在日常生活中是一个常见的现象。

对于人力资源而言，数据化同样存在。从人才招聘开始，员工的基本信息、考勤记录、培训经历、考核结果、工资记录、奖金信息、工作变动经历等，全部可以形成标准化的档案或数据报告，为数据间的互相诠释架设起桥梁，为关联分析奠定基础。

随着 HR 信息系统的广泛运用，越来越多的企业将数据应用于人力规划、人才管理和运营改善等方方面面。常见的 HR 数据报告有七种类型：

第一，人力规划报告：聚焦公司最紧迫的商业目标，持续发现、分析和回顾人才相关数据，包括历史招聘数据、人才流失预测、市场竞争情况、经济和行业数据、劳工统计数据、大学生毕业数据等，评估公司人力需求，制订行动方案。

第二，人才吸引报告：使用在线和离线招聘技术来识别和吸引职位候选人。2019 年 HR 数据分析发现，短视频深受年轻人的喜爱。于是，越来越多的企业开始放弃传统的招聘海报，选择通过短视频直观展示公司的工作环境和企业文化，实现线上互动，吸引年轻求职者。

第三，员工发展报告：充分利用 AI 和机器学习技术，建立从专业能力测评到课程规划、在线学习、在线考试，再到专业晋级的全链路数据跟踪机制，助力员工自学习与自发展，促进公司的培训体系从 e-learning 向数字化学习和智能学习转变。

第四，敬业度报告：全面搜集和分析员工对工作、人员（如高层管理者、直接上司和同事）、职业发展机会、全面薪酬回报、公司政策制度、工作生活平衡等领域的意见，发现驱动因素，不断改进，使员工愿意向家人 / 朋友宣传自己的公司，乐于留任，并且愿意为公司的成功付出额外的努力。

第五，人力资本 ROI（投入产出比）报告：通过分析员工的招聘成本、入职成本、培训成本、薪酬福利成本和办公开支成本，与员工直接或间接为公司创造的利润挂钩，分析不同业务单元以及公司整体的人力资本 ROI。

第六，人才保留报告：综合社会人口数据、员工动机数据、职业发展数据以及人才市场竞争力数据，分析公司如何才能保留表现最好的关键员工。

第七，福利健康安全报告：随着工作和生活之间的界限日益模糊，许多公司开始意识到福利健康的重要性。提供一套注重身体健康、心理健康和财务健康的福利计划正在成为企业责任，也是提高员工生产力、凝聚力和保留率的企业战略。

从传统的视角，针对不同的 HR 业务需求可以构建不同的大数据应用模型，运用技术手段进行多维度分析，促进 HR 业务能力提升，为企业战略提供支持。常见的 HR 大数据应用场景包括：

招聘应用：人力需求分析、人力供给分析、优质候选人筛选、毁约风险分析。

人才发展应用：人才结构分析、人才能力分析、岗位分析、人岗匹配分析、职业发展分析。

培训应用：员工技能分布分析、能力差距分析、培训参与度分析、课程质量分析、培训成果跟踪。

薪酬应用：薪酬竞争力分析、福利竞争力分析、长 / 短期激励分析、全面回报分析。

绩效应用：绩效目标设定、绩效评价跟踪、绩效特征分析、绩效反馈分析。

留存分析：流失特征分析、流失原因分析、流失风险预测、高价值员工维系。

因此，在 HR 领域也需要通过推动 HR 数据平台（数据湖、数据中台）建设，提升 HR 数据科学分析能力和数字化运营手段，来释放 HR 数据价值。大数据可以让你读懂自己，读懂团队，读懂组织；大数据可以使分析更透彻，决策更准确，运营更高效。

传统的 HR 所定义的数据，大部分是结果性数据。这些结果性数据需要 HR 持续不断地重度维护，为了便于汇报，很多数据还需要精心准备和调整，由于缺乏一些安全手段进行数据保护，很难真正适应数字化时代的要求。对人力资源管理产生价值的数据不是人为精心准备出来的，而是员工在工作与成长中自然留下的印记。

数字化 HR 所强调的数据，是一种全领域的 HR 数据。它既包含 HR 相对应的结果性数据，也包含业务型的过程数据、员工的行为数据和员工心理状态的数据。关注用户自主产生的数据，有能力对这些数据整合，才能够推动未来对数据的挖掘，让数据产生价值。

从新的 PA 职能视角，可以根据业务需求进行实时数据分析，以便更深透地了解业务问题，提出可行的洞见。相关应用场景包括：

持续的收入增长：预测人才需求，关注当前最高价值的人才来源，制定有效的人才吸引战略；混合客户数据，定价现有劳动力数据，加强人力资本的开发和部署，从而在现有的渠道中增加收入。

利润增长：预测人员流失风险，确定具有成本效益的干预措施，帮助组织保留顶尖人才；通过劳动力分析、薪酬和财务数据分析来跟踪特定的业务成果，识别并强化增长驱动因素，提供对 ROI（投资回报率）的精细分析。

战略执行能力：预测潜在的领导力差距，积极影响公司/团队文化、领导力发展与评价体系，促进各业务层级执行力的提升。

速度、灵活性和适应性：识别速度、灵活性和适应性的性能指标，监控进展并实时校准，以推动预期目标的达成。通过基于事实的决策制定，提高透明度，强化问责机制，不断优化业务和交付流程。

员工忠诚度/保留率：使用数据来识别、优化、影响和提高员工生命周期价值的独特杠杆；制定员工获取和保留策略，并帮助确保人力资源整体计划（如学习发展、绩效表现和人才激励）的执行严格一致。

大数据时代 PA 的挑战

大数据时代的到来使人力资源管理“基于数据、用数据说话”成为可能，HR 价值计量管理成为提升人力资源管理效能的有效途径。人与组织之间、人与人之间的互联互通，积累和聚集了巨量数据，这为人力资源管理的程序化决策与非程序化决策提供了科学依据。人力资源管理可以更定制化、个性化地服务员工，基于数据辅助管理者决策，为企业不断成功提供动能。

但实际上，在传统思维模式下，PA 被视为 HR 团队内部的事情。PA 团队由统计专家组成，以模型和数据库开发为重点。分析的对象主要聚焦员工群体，关注的主题以 HR 内容为主，如招聘标准、员工保留、学习发展、员工敬业度等。

随着云计算和 PA 职能的发展，PA 团队被视为业务分析团队，由资深管理人员运营，向 CHRO（首席人力资源官）报告，服务整个公司的业务领导者。PA 可以跨业务开展工作，被视为咨询职能团队，协助解决业务问题。PA 的对象聚焦全部劳动力，包括正式员工和临时工。关注的主题以业务问题为主，如销售量提升、生产率提高、高潜员工保留等。PA 团队不仅关注指标本身，还研究指标的驱动因素，创建业务 / 文化模型，以改善劳动力驱动因素。

随着 HR 数据源持续增加，内外部数据可以融合在一起，用来预测员工行为。在领先公司里，分析变得更加跨学科，与ONA（组织网络分析）一样。最终PA将完全集成到HR信息系统中。展望未来，分析技术将提供越来越个性化的建议。由于某些PA程序的敏感性，组织需要更加认真地对待数据机密性，遵守关于员工数据使用的本地法规。

需要指出的是，HR数据分析和洞察的前提是HR信息标准化和档案化，这也让人力资源管理面临挑战。比如，数据时效性差，有些企业的HR系统是在夜间进行系统数据同步，数据无法进行实时的统计分析；缺乏过程数据，大部分企业的绩效系统最终进入数据仓库的是绩效结果数据，过程中与绩效相关的事件却没有数据记录。另外，还存在数据可信度低、数据不互通、数据逻辑不清楚等情况。这些问题直接导致HR在数据领域工作效率低，数据处理成本大，耗时耗力，甚至会对数据决策做出错误的判断，得不偿失。

总结这些问题，会发现主要有四大难题。首先是数据孤岛化严重，基于HR各模块功能建立的烟囱式应用系统导致数据共享非常难，重复的数据建设、重复的数据存储造成资源和成本的浪费；其次是数据理解、认知以及分析断层，数据产生者和使用者对数据的理解没有达成一致，造成理解和认知层面的断层；再次，缺数据、缺标准、缺治理，HR的各业务管理模块没有统一的数据管理标准，没有按规范存储数据，导致取数难；

最后，知数据难、懂数据难、要数据难，不同团队间的数据没有统一的数据规范，数据理解难度大，无法互联互通。

HR 各业务系统的数据如果按业务分割，那么数据打通将变得非常困难，这样很难完成员工的全生命周期分析，数据所体现出的效能价值也会很有限。将所有业务数据汇聚起来，按照一定规则加工处理，并建立起存储与应用之间的关联关系，就形成了数据中台。基于数据中台的数据产品应用，打破业务区隔，可在全局视野内进行数据分析，所能达成的数据效能将产生加乘价值，如图 4-1 所示。

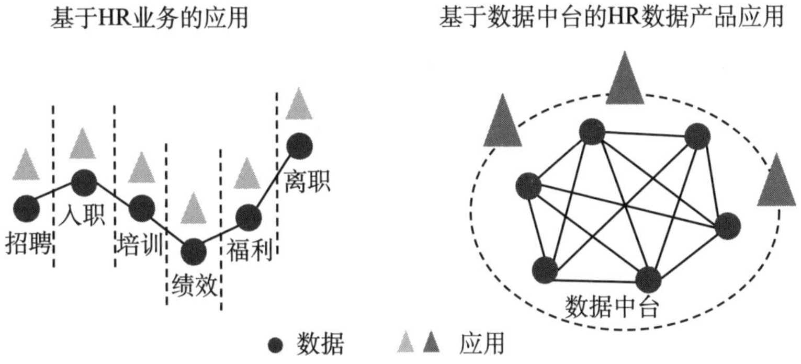

图 4-1 两种情形下 HR 数据应用对比

促进 HR 数字化转型，首先面临的一个挑战就是在规避系统重复建设的同时快速支持多元化的前台业务迭代更新、灵活创新。要解决这一困境，必须有清晰的数据治理思路以及强有力的数据治理机制保障，HR 团队要引入以下两类人才以满足数字化时代的能力需要。

首先是分析与研究专才，包括商业分析、算法、组织心理学、统计、计算机、物理学等专业研究人员。这类人才要能协助人力资源团队更诚实地面对数据，以研究学者的角度高标准地看待人力资源管理工作，将R语言[①]、Python等编程语言，机器学习、AI技术等应用到人力资源管理领域，加速提升组织人才管理的有效性，增强人才管理手段的丰富度。

其次是数据型产品开发人才及产品经理，包括产品开发、产品设计、专案管理、产品运营、用户体验等各方面人才。这类人才不仅要具备开发人员和产品经理的基本技能，同时还要了解数据，懂得挖掘数据背后的信息，从而打造出支持人力资源管理的数据型产品，让HR工作更加贴近员工及业务需求。

大数据推进了HR转型的步伐，HR数字化要求人力资源管理者具备复合型知识。我们不需要人人都是数据分析师，人人都是数据产品经理，但我们希望每个人都有数据敏感度、数据安全意识，助力HR数字化转型，最大限度释放HR数据价值。

PA的机遇

在HR数字化的驱动下，PA的职能有了新的定义，它需要

① R语言为统计分析、绘图的语言和操作环境。

具备将数据资产转化为生产力工具的能力，同时也需要具备将数据应用模型产品化的能力，为用户提供丰富多样的数据产品和数据工具，为企业数字化转型提供基础支撑。

打造以激发个体为中心的数据应用产品

类似人才透视、组织透视、流程透视产品，都要从用户的视角出发，聚合与员工相关的信息，让用户便捷、高效、全方位地了解信息，辅助决策。用户是产品的核心，产品逻辑的构建和功能的打造都需要围绕用户的需求。

底层的数据资源准备是打造数据应用产品的重要环节。数据需要进行拉通和归类整理，将原本分属于不同系统的资源统一整合至一款产品中，充分发挥资源的共享优势，将拉通后的数据指标以用户视角进行筛选和重新调整，与用户所面对的具体场景进行匹配，让用户定制选择数据，满足不同用户查看不同数据的需求。

比如围绕员工基本信息查询和档案管理工作，就需要 PA 创新设计出能够透视人才信息的产品。这种人才透视类产品要求在底层数据仓库中体现 HR 数据的全面性及完整性，在产品逻辑构建上要体现权限处理的灵活性，在产品设计的标签化、定制化、指标化等方面打造良好的用户体验。可以说数据产品化的过程，就是从用户体验的感性数据出发，梳理分析用户隐性需求，通过数据的客观判断找到能与用户真正共情的产品设计方案，最终在产品可视化以及创新模式上不断打磨的过程。

打造以提升效能为中心的数据分析模型

PA 的关键任务之一是帮助组织评估效能，并推动 HR 通过数据洞察发现问题，做到及时调整制度和流程。通常评估组织效能、推动效能提升的项目会涉及必要的成本开支，同时也会让企业得到潜在的回报，PA 在帮助组织评估效能和推动提效的过程中，应该把成本开支和潜在回报显性化。通常情况下，在组织提效的措施获得批准之前，HR 部门就需要对结果做出预测，作为投资决策的参考。因此 PA 需要具备一定的财务分析和项目投资分析能力。员工敬业度分析、员工离职预测分析、员工绩效预测分析、招聘与选拔分析，是能提升组织效能的人力资源管理举措。

比如当下企业越来越重视个人与组织绩效，尤其关注那些能够有效提升个人与组织绩效的手段与工具。在过去的 20 年里，组织的绩效管理工具从只关注绩效评估结果，发展成为一个集成度很高的过程管理系统，不仅包括绩效结果，还包括绩效周期中的客户反馈、团队生产力水平和 360 度反馈等。工具的优化为 PA 提供了丰富的数据来源，基于这些数据建模，进行员工绩效预测分析，可以帮助直线经理有效识别高绩效员工，还能够为直线经理提供高绩效员工培养和发展的科学方案，让组织获得更高的回报。

PA 的职能进化

大厂 PA 职能大扫描

美国不少头部企业在 HR 数字化方面起步较早，先后建立了 PA 团队。当然作为数字化 HR 的新职能，PA 在不同的企业实践过程中演变出不同的角色职责和团队形态。

微软的 HRBI 团队

微软较早成立了自己的PA团队，内部命名为HRBI（HR Business Insights），主要面向人力资源管理和决策服务，核心目的是更加深刻和准确地理解组织内部劳动力的规模和本质。HRBI 团队由 I/O 心理学[①]、实验和数据科学、统计学和财务管理等不同领域专家组成，他们的愿景是通过咨询、研究分析、设计工具等工作方法实现“数字驱动 HR”。

微软的 HRBI 团队通过与微软搜索技术团队密切合作，共同开发面向 HR 内部的人力资源解决方案，帮助 HR 提供创新的面向客户的外部解决方案；同时与一线 HRBP 及业务部门合作，对管理动作和员工反应进行洞察、深度诊断、数据分析，

① I/O 心理学即工业与组织心理学（Industrial-Organizational Psychology），运用心理学的原理和理论研究与工作、组织和生产力相关的人类行为。

提供可转化为改善行动的报告和解决方案，并在落地方面提供培训和支持。

谷歌的 PA 团队

谷歌的 PA 团队起源于人才与创新实验室（PiLab），PiLab 曾被誉为“世界上最贵也最高效的人事部”[①]，团队致力于研究人们在工作场所中的体验，旨在找出最大化提升员工满意度和团队效率的方法。PiLab 团队成员多是心理学、经济学、组织行为学和社会学方面的博士，与各大高校的科研团队有着非常密切的合作。PiLab 进行研究时会在公司内部反复实验，比如公司如何帮员工省钱，怎样的薪酬机制可以长期维持员工的满意度等，通过这些实验来证明何种方式可以最有效地创造高产的工作氛围。

PiLab 的研究项目有效促进了谷歌的管理工作，于是谷歌将 PiLab 团队升级，成立了 PA 团队，将团队研究扩展到包括人员配置、领导、管理、公平、包容、文化、员工敬业度、福利等问题，也包括驱动快乐、成长、健康和生产力的工具设计。

脸书的 PA 团队

脸书的 PA 团队与 HR 的职能模块相匹配，在招聘、绩效、培训与发展、福利与人才保留等领域，都会设立 PA 小团队，其定位是“以数据驱动洞察，帮助脸书招募、发展和保留人才”。

---

① 拉斯洛•博克．重新定义团队：谷歌如何工作．北京：中信出版集团，2015.

在每个季度开始之前，PA 团队和 HR 各模块对接相关需求，了解有哪些项目可以合作。通过这种工作方式，PA 团队能同时覆盖不同的 HR 模块，并成为 HR 各部门之间的桥梁，便于做出更全面、更深入的数据分析。

腾讯 PA 业务和岗位设计

腾讯 PA 团队的前身是活力实验室，这个组织在 2015 年就已诞生。随着该组织业务的不断探索和职责与能力的不断提升，2020 年腾讯正式成立 HR 科技中心，聚焦 HR 领域的科技洞察和数据驱动，PA 研究室作为 HR 科技中心里的重要组织也正式亮相。

腾讯 HR 科技中心的核心职责，一是以前沿 HR 和组织管理的理论和实践为框架，通过科学的数据分析和洞察，着力处理 HR 难题；二是引入和整合人力资源管理领域的新技术，以 HR 业务领域专家的视角，引导 AI 和 HR 大数据的应用，促进专业和科技的更完美融合。

腾讯 HR 科技中心期待团队成员具备数据库运营和维护、文本分析、大数据处理和分析及算法能力，以及心理学、组织行为学、HR 等领域较强的实证研究能力和数据分析能力。

PA 的新职能

综合这几家科技公司 PA 团队的岗位职责，可以看出 PA 的职责已经从原来单纯的人才分析，发展为包括 HR 数据科学、HR

数据产品设计以及HR数据工程在内的多元化新职能。具备HR实践经验与数据科学经验的复合型人才在当下及未来将越来越受欢迎。拥有了新职能的PA团队，可以在以下方面发挥作用：

首先是制作和提供数据报告。使用定量技术来发现问题并推荐解决方案，采用数据可视化的工具来撰写数据报告，向公司和组织或个人提供基于数据的问题洞察。

其次是HR科学化研究与洞察。以前沿HR和组织管理的理论为框架，以数据分析和洞察为引擎，着力解决HR难题。

再次是智能化HR效能管理。引入和整合人力资源管理领域的新技术，以领域专家视角引导AI和大数据的应用，促进专业和科技的更深入融合，让人力资源管理通过智能化提升体系功效。

最后是数据产品和工具打造。通过设计和打造HR智能数据应用工具，为各类用户提供更方便的数据产品，让用户自行进行数据探索和决策。

我们看到PA的四项职能都涉及数据：数据报告、数据分析和洞察、大数据应用、数据产品与运营。可见HR大数据已成为PA履行职能的基础。

数据工程思维

HR数据量级很大，而数据量大会造成一系列幻觉。有数据不等于能用好数据。HR 数字智能化转型一直在强调“数字驱动决策”，面对丰富的数据，如何将数据转化为资产？核心就是数据分析能力。

提到数据分析能力，你通常会联想到什么技能？是掌握高深的数学与统计知识，绘制炫目的数据可视化图表，还是实现复杂的机器学习模型？实际上，根据现实背景提出合适的问题与假设，解读数据背后的含义并做出推论，是数据分析过程中非常重要的环节，也是进行数据分析工作应当具备的能力。

在 HR 领域开展数据分析工作，需要具备的数据分析能力不单单是敲敲代码的工程技术能力，还包括集合行为科学理论、HR 业务和数据分析技术的综合能力。HR 必须有一定的数据科学和行为科学思维，可以解构 HR 领域中经常遇到的问题。比如很多业务部门问 HR，什么样的人才适合我们公司的岗位？如果转化为数据分析的思考维度，这个问题可以拆分成更具体的问题：如何进一步提高简历的筛选效率？如何提高人岗匹配的准确率？如何衡量人才的质量？哪些特征可以预测候选人之后的表现？等等。

再如，HR 希望从一些管理干部，尤其是绩效很高的管理者身上找出某些优秀管理行为，从而在招聘面试中筛选出未来可能创造高绩效的管理者。在腾讯，PA 研究室专门提出了一个课题，研究管理者为下属写的绩效评语是否有显著特点。绩效评语是腾讯一年两度的员工评估季中上级必须完成的管理动作，

PA 研究室结合国内外有关绩效评语的经典理论与前沿研究，构建评语长度、评语感情和评语内容三个特征，同时设定两类假设，一是当期绩效对当期评语特征的影响，二是当期评语特征对下期绩效的影响。通过机器学习、语义解析、多元回归、层次回归和路径分析等方法，PA 研究室验证了三个结论：“管理者针对绩优、绩差员工的评语更长”“积极评语可能促进下期绩效”“高绩效特质是‘积极主动’”，这些研究成果成为后续管理动作的有效输入。

综上所述，我们不论在人才的招募、培训上，还是绩效管理、晋升与留用上，都有大量的数据分析需求。进行人力资源数据分析时，不要被数据牵着鼻子走，而要理解数据自身的业务特性。比如绩效数据的分布受到不同绩效结果等级的强行比例控制影响，评语系统中自带的复制过往评语的功能在一定程度上影响了部分管理者的评语特征。

开展 HR 数据分析要求我们深入到实际业务场景中，去感受员工和管理者如何留下种种行为及背后的心理动机。与此同时，所有的数据分析命题都是来自实际业务场景，什么样的问题研究价值更高、研究结论会如何产生影响，这些问题的答案都离不开对业务的深刻理解。数据分析必须基于业务场景、业务逻辑，任何脱离业务的数据分析都是纸上谈兵，没有价值。

智能化 HR 管理思维

为进一步解决 HR 难题，赋能更高效、更科学的人力资源管理，PA 还需要具备智能化人力资源管理思维能力，引入和整合人力资源管理领域的新技术，促进专业和科技的进一步融合。

HR 用数据说话，从来不是一件简单的事情，这是 HR 工作中含金量很高的工作之一。比如，分析和预测员工保留或者预测未来的优秀员工时，需要什么样的数据？从哪些端口获取这些数据？各类数据有何用途？如何将数据可视化，让使用者一目了然？如何让分析真正影响、提升组织绩效？

如果没有系统化的专业能力支撑，这些问题将很难回答。面对这些常年伴随人力资源管理行业的疑难杂症，首先需要做的就是熟悉业务，并从数据角度出发转变思维，来支持业务发展诉求。

PA 需要建立组合式分析模型，实现数据洞察，并利用可视化工具直观地体现数据变化趋势，从而帮助组织优化人力资源管理，赋能业务，加速管理决策。

HR 数据中台为 PA 保驾护航

HR 数据中台不仅仅是一个技术平台，它还是一个体系。和传统技术领域数据平台的概念不同，HR 数据中台更多的是从 HR 业务出发去构建 HR 业务数据规则，提供实现管理意图和用户意图所需要的数据服务。

HR 数据中台需要通过数据治理框架来牵引 HR 业务，让 HR 构建起具有规范定义的数据标准；HR 数据中台还需要通过全域数据采集和智慧数据处理平台，从各类系统应用中接收数据内容，再将数据加工处理，向各类业务系统提供数据服务；HR 数据中台也需要智能灵活地满足前台数据分析应用的需求。因此，HR 数据中台是一个数据处理的生态平台，包括数据生产、加工、度量、存储、交易、运营和服务。从体系化角度来看，这个生态平台应该具备数据资产、数据治理、数据模型、垂直数据中心、全域数据中心、萃取数据中心、数据服务等多个层次的建设。

业务系统的复杂性导致数据源形式的多样性，数据中台的数据处理能力既要满足传统的结构化数据处理需求，又要满足日志、音频、视频等半结构化及非结构化数据的梳理需求。因此，数据中台要具有大数据处理能力，如非结构化数据转化为结构化数据的能力、流数据处理能力及海量数据存储能力等。

数据中台需要实现数据的分层与水平解耦，HR 数据中台从数据工程角度可以分为四层，分别为数据汇聚层、数据操算层、数据模型层及数据服务层，如图 4-2 所示。

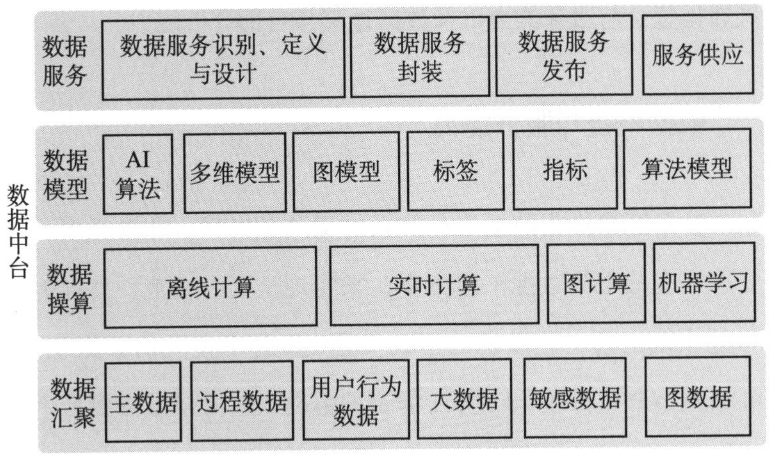

图 4-2　数据中台逻辑分层示意图

数据汇聚层主要是对各种数据提供存储能力，包括主数据存储、大数据存储、用户行为数据存储、敏感数据存储、过程数据存储以及图数据存储。

数据操算层则可以对汇聚的数据进行一些粗加工，支持离线计算、实时计算、图计算以及机器学习。

数据模型层主要是通过一些 AI 算法及数据建模能力，结合凭证数据、过程数据、智能数据等实现跨领域数据整合，产生如员工画像、组织画像、岗位画像等 HR 数据模型，也可以在这一层产生标签工厂，供数据服务层的各项应用去灵活地调用与扩展。

数据服务层则是通过对数据的封装与开发，满足个性化数据应用的需要。

综合而言，通过以上四层架构的搭建，HR 数据中台可以提供数据整合与服务能力以及数据计算与自助分析能力。

数据整合与服务能力

数据汇聚作为数据中台体系的最基础一环，非常重要，需要有一套标准的数据汇聚方案，来实现全面、规范、高性能的海量数据汇聚。这里说的不仅仅是HR各个模块的数据汇聚，可能也会牵涉行政、IT等所需要的数据。这时候就需要考虑不同数据源的对接方式，如日志采集、文件采集、业务数据库增量、全量数据传输等。

通常，我们会通过大数据平台来建设数据整合能力，在处理各种数据的同时进行海量数据存储。通过数据采集组件、数据存储组件，以及数据作业调度、权限、侵权等管理组件的组合，可以保障数据中台有序正常运转，同时对数据总体量、数据日增量、数据存储周期等实施监控检查。

将数据模型按照应用要求进行服务封装，就构成了数据服务。数据服务不只提供稳定的模型服务，还需要提供基础数据供应以及数据再加工服务，这样才能方便其他数据使用者对数据的灵活使用。

数据服务作为数据中台和业务的桥梁，一方面必须通过统一的数据服务平台对外提供服务，来加速数据业务化，方便业务对数据的应用；另一方面，需要对汇总后的应用层数据进行治理，为数据中台提供生成统一数据接口的能力。

数据计算与自助分析能力

数据只有整合与计算，才能更好地被用户使用，帮用户挖掘出潜在信息。诸如个性化推荐、智能匹配、标签生产、画像建立等一系列算法模型能力就格外重要。

此外，还需要关注数据规则的治理。HR 的指标口径不但要统一管理，还需要有丰富的数据异常预警规则。

自助分析能力是指为用户提供各种自助分析工具，比如报表生成器、可视化图形生成器等，让用户灵活、方便、自主地使用数据、分析数据。

在数据中台中，数据资产是最核心的部分，所有的能力都是为数据资产服务的。而数据资产中最重要的基础就是数据模型。一个完整、灵活、稳定的数据模型对于项目的成功起着至关重要的作用。数据模型是整个系统建设过程的导航图。通过数据模型可以清楚地表达 HR 各个模块之间的关联性，为 HR 部门业务人员、应用开发人员和系统管理人员获取数据提供了统一完整的视图。同时，数据模型有利于数据的整合，通过数据模型可以建立各个业务系统与数据库之间的映射关系，实现源数据的有效采集。

通过建立数据模型，可以防止数据描述不一致，如同名异义、同物异名等，使系统的各参与方能够基于相同的事实进行有效沟通，并能消除数据库中的冗余数据。由于数据模型对现有的信息以及信息之间的关系从逻辑层进行了全面的描述，当未来业务发生变化或者系统需求发生变化的时候，就可以很容易地实现系统的扩展，保证数据结构的变化不会偏离原有的设计思想。数据模型的建立还可以使开发人员清楚了解数据之间的关系以及数据的作用。

腾讯 PA 的保障能力

腾讯面向全体员工的 HR 数据应用产品“HR 助手”，并没有通过行政命令要求全员安装，产品的功能也并非只有这个产品才能提供，可以说，这个产品完全是由员工自行决定是否需要使用。目前这款产品在腾讯内部的安装覆盖率基本是 100%，几乎每个员工每天都会跟它发生两次互动，这种互动沉淀下来的行为数据、过程数据充分反映了员工自主自愿和最真实的状态，通过对这些数据的分析与使用，不但能协助 HR 更全面直观地洞察员工状态，预判行为趋势，提供个性化服务，还能帮助员工更加了解自己和组织情况，更有针对性地找到提升自我的捷径。

当然，在这个过程中必须考虑是否具备驾驭这些数据的能力，如何对个人隐私数据提供安全保障。为了防止侵犯员工的隐私，首先，大数据分析过程要将大数据信息去身份化，通过聚合数据进行整体趋势分析，防止涉及员工个人信息的分析。其次，将员工隐私协议化，可以事先与员工签订数据隐私协议，避免触碰员工的隐私底线。最后，从数据安全、用户权限、透明度等方面推动隐私合规，在权限范围内将数据红利同员工共享，这样既能减少人力资源大数据可能引起的员工争议，也可以使公司规避可能的法律风险。

腾讯有一个部门叫作数据隐私保护部，职责就是保护广大消费者和用户的数据隐私，腾讯的 HR 系统和产品虽然是企业内部的应用工具，但也会邀请包括数据隐私保护部及信息安全管理部在内的相关部门，由其扮演入侵者角色，采用各种手段攻击 HR 的这些系统，寻找可能出现的隐私风险和安全漏洞，通过这种信息安全的对抗演练，提升 HR 管理系统和应用产品在安全性和数据隐私保护上的能力。

HR 自身需要加强数据安全和隐私保护的意识与能力培养，只有具备对数据的充分驾驭能力，才能发挥出数据价值，否则，不但无法实现数据价值的创造，还有可能反受其害，这也是 HR 在大数据领域需要重点关注的能力。

腾讯 HRSDC 部门承担着 HR 全域的数据汇总职责。如图 4-3 所示，该部门聚合了数据治理能力、数据管道能力、数据应用能力、业务规则管理能力，牵头共建HR数据资产及配套的管理机制，为HR数字化转型提供基础支撑；推动数据产品化，进一步丰富数据产品和数据工具，将数据资产转变为生产力工具服务于用户；同时，助力数据驱动管理决策，支撑腾讯HR系统战略项目所需的数据服务，探索前沿技术在HR分析决策场景的应用。

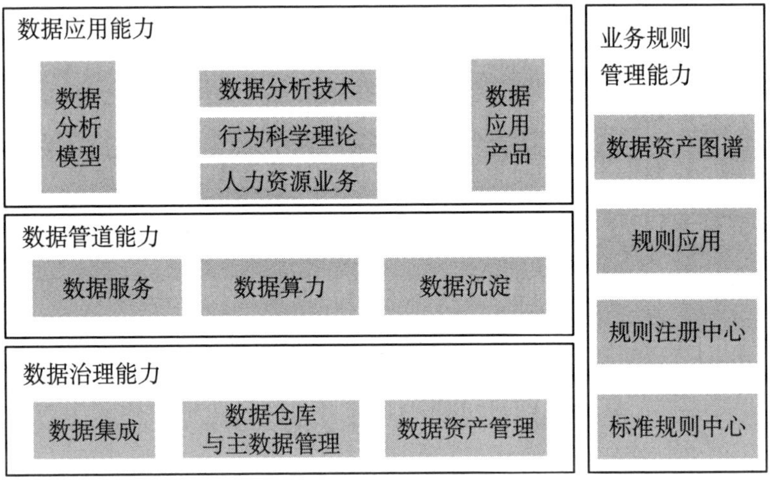

图4-3　腾讯HR大数据能力全景图

从组织上实现全域的数据汇总，不但能对数据资产进行集中的清洗和治理，还可以通过组件化、模块化、标准化、解耦等方式来拆分系统和业务，再基于数据化服务的方式快速支撑前台业务的迭代更新，从而不断沉淀能力，做到服务和体验的提升。

数据资产的管理，需要将数据规范、数据处理有机结合，实现对具体元数据的描述。利用标准化的数据接口以及丰富的图表展示工具，可快速定制各类数据资产的应用，配合数据资产的全面评估，实现数据资产的“三全”管理，包括全生命周期管理、全流程管理、全景式管理。

数据价值的体现最终在于将数据转化为生产力，腾讯 HRSDC 不仅为其他业务提供数据调用服务，本身也致力于数据应用产品的建设，包括结合 AI 和机器学习技术的人才透视、组织透视、流程透视等数据透视类产品的打造，提升数据使用效率，降低数据使用门槛。与此同时，通过对数据的挖掘分析，驱动管理决策，助力 HR 数字化转型。

以数据集成与共享应用为导向的 HR 全域数据，就像是 HR 数据资产图谱，使得各类 HR 数据有据可查，将 HR 数据沉淀为“知识”，通过知识映射和了解现实业务系统，从“关系”的角度提供智能分析问题的能力，实现数据资源显性化。

腾讯 HR 全域数据主要来自各个 HR 系统，涉及福利、基础人事、绩效管理、培训发展、薪酬、员工关系、招聘等，同时还会涉及一些非 HR 数据，如行政等。不管数据来自哪里，都可以接入数据平台，进行统一处理。业务如果有需要，可通过数据管道接口调用的方式获取数据并使用数据。

由此，就会实现跨业务、跨领域、跨系统的数据整合，为管理分析和业务决策统一提供数据支持，把运营数据转化为高价值的可获取的信息，在恰当的时候通过恰当的方式将数据传递给恰当的人员，让数据取之于“民”，用之于“民”。而 HR 数据资产图谱的建立，可以让数据的来龙去脉更清晰可见，诸如数据来自哪个系统，最终又被用到什么地方，有多少数据没有被使用，有多少数据使用频率很高。HR 数据资产图谱量化了数据资产，从数据资产的分类、使用频次、使用对象、使用效果和共享流通等方面计量，有利于更好地评估数据的价值，保障数据的安全性，为 HR 数据资产保驾护航。

05

第五章

前端解耦：丰富 HR 数字化场景应用

HR DIGITALIZATION MODE

解耦即解除某种耦合关系，是指用一些方法将不同的模块分离开来，一般在互联网项目开发中比较常见。如果将程序理解成不同的积木块，它们组合在一起可以形成一种形状，进行拆分再重组，又可以形成新的形状，这样可以实现程序的可复用和多样性。

对于人力资源管理来说，解耦的意义在于，HR 通过一些方法，将传统的“选、育、用、留”职能性工作，根据不同角色使用者的核心诉求，分解为一个个有针对性的场景模块，实现各个模块既能够独立发展又可以灵活组合的目的，为不同的使用者量身定制，让他们在这些场景中充分体验到完全适配自己核心利益和诉求的业务逻辑，从而自我激发意愿深入到场景之中，去推动场景价值的实现。这些应用场景又能进行有机整合，使原有的 HR 职能性工作也得到落实。

用户的自我激发往往能够产生更大的价值。根据动机理论，当人们因内在的兴趣做一件事时，行为上会驱使自己向期待的目标前进。自我激发具有有趣性、挑战性、创造性的特征，在此基础上会带来更强烈的责任感、使命感、成长感、进步感。

数字化时代，人力资源管理的新贡献在于，基于对用户的理解和深度洞察，从用户的角度设计出符合不同用户心智模型的产品，在信息架构和功能设计上，给用户正向反馈，推动用户的自我激发，进而达到激发个体价值、增强组织活力的效果。

如果说传统时代 HR 对管理的核心理解是管控，那么在数字化时代，对管理的核心理解是激活人，是推动个体价值崛起。因此，HR 需要找到合适的路径，推动多维视角下不同用户的自我激发。

人力资源管理为什么要进行前端解耦？

关于组织，HR 通常需要思考三个问题：第一个是组织存在的价值，也就是 HR 要通过组织解决什么核心问题。第二个是组织的功能展现，也就是 HR 要通过组织来界定该做什么、不该做什么以及基于什么原因做出这个选择。第三个是组织价值实现的保障，也就是 HR 通过组织核心能力的培养，让组织具有达成既定目标的实力。

人力资源管理在这个背景下必然需要聚焦以下问题：HR 需要面对组织内哪些不同的群体？这些群体在组织内存在的价值是什么？如何识别他们所面临的核心问题？解决问题的方式与能力是什么？

在双引擎驱动的管理理念下，人力资源管理“前端解耦”的含义是通过新的思维探索、对不同视角下不同用户群进行洞察分析以及系统性的模式设计，为不同群体提供针对性强、丰富多样的数字化场景应用产品，通过这些产品来推动不同用户群体自身的价值激发，促进组织活力和创造力的提升。

IBM 对 HR 运营模式演变的研究

2020 年，IBM 商业价值研究院与美国德勤贝新管理咨询公司创始人乔希·伯辛（Josh Bersin）合作开展了一项全球研究，针对来自十几个行业的 1 500 多名 HR 主管（其中 110 名来自中国）进行了调研，试图弄清楚领先企业如何加速 HR 职能发展，哪些特定因素在成功重塑 HR 中发挥重要作用，以及最成功的 CHRO 如何规划 HR 重塑路线图。

IBM 的研究表明，与大多数企业职能一样，过去几十年，HR 发生了巨大的演变，以满足不断变化的商业环境。在工业时代，可以称之为 HR1.0 运营模式，HR 的主要关注点在项目和职位上，CHRO 通过岗位分析和职位说明来规范和培养每个业务流程节点的工作技能，并在部门内建立注重质量与合规的文化。

互联网的兴起为资源整合与全球化提供了前所未有的新机

遇。在这种发展趋势的推动下，HR 升级至 2.0，职能重点转移到流程和人员上，效率被视为首要目标。HR2.0 的运营模式依赖于整合的 HR 体系，建立正式的专业知识中心（COE）、正式的服务交付团队（SSC），以及正式的业务支持和牵引团队（BP）。

现在，业务环境所面临的就是持续不断的颠覆，因此 CHRO 及其团队必须进行重大的模式转变，迈出变革性的一步，进入 HR3.0 时代。这个新时代的运营模式尚无明确定义，但解耦传统 HR 选育用留的职能，赋予新的价值，已是共识。研究认为，以员工为中心，为员工设计有意义的体验变得越发关键。在新的业务环境中，与员工互动变得更重要，更具挑战性。

比如说绩效评估工具的设计，必须从员工视角而非 HR 的视角出发。外部环境持续不断的颠覆和冲击，使得企业对员工队伍适应能力和调整能力的需求愈发迫切。在 HR3.0 时代，绩效评估工具的设计应该从员工视角出发，目标和项目清晰透明，员工能够看到重点事项、其他人在做什么以及组织的总体进展情况。经理和员工在一年中可以随时回顾并调整目标，也可以在必要时改变方向。评估是多维度、多渠道的。技能相关度和个人成长直接嵌入绩效管理计划。经理使用员工绩效评分指导员工提高绩效以及持续培养技能。

可见，处于 HR3.0 阶段的企业会毫不吝啬地在员工高度个性化和数字化体验导向的工作上投资。企业会关注员工情绪，推动员工作为企业内部管理的核心主体。企业通过持续收集、分析和响应反馈，不断调整 HR 服务的方向，让员工的体验得到持续改善和提升。企业需要借用不断涌现的内外部社交平台来实现对员工队伍的洞察，例如直接反馈、敬业度调查、求职面试和离职面谈，以及各种可以用来反馈员工心声的论坛。企业通过理解员工的想法、需求和关注点，并据此采取行动，来建设一支积极敬业的员工队伍，这成为 HR3.0 最核心的使命。

HR 流程中包含多维视角

IBM 提出的 HR 三支柱模式自诞生之日起，就定义了三支柱各自不同的核心价值和关键工作策略，随着近些年国内外许多大型公司在三支柱各个领域的探索与实践，这些不同的侧重点更加凸显，大家在各自的航道中更加聚焦。COE 聚焦战略，BP 聚焦业务，SSC 聚焦用户。

COE 用更多的时间进行专业设计，服务于公司管理决策层，针对公司管理层的年度战略、重大决策，结合公司的管理特点，通过制定企业人力资源管理政策制度、实施年度重大人力资源管理项目等措施，实现 HR 对企业战略达成的支撑。COE 的核心视角是公司战略。

BP用更多的时间做内部咨询与顾问，服务于业务单元的管理层，通过紧密陪伴在业务人员身边，参与业务部门年度商业计划制订、组织绩效指标制定与人才计划制订，并将这些策略转化为HR专项方案，通过专项管理动作逐步实施，实现对业务的深度定制支持，辅助业务目标达成。可见，BP的核心视角是业务组织。

SSC则用更多的时间处理员工事务、打造HR系统，推动共享交付事务安全稳定、高效可持续。数字经济时代，HR通过创新性的共享服务和技术优势，为员工提供自主、自助、智能、便捷的服务，贴近员工、关注用户声音，为员工制造更多惊喜。另外，通过系统化、标准化的交付提升HR效率，让COE和BP减负增效。此外，SSC还需要了解COE和BP的作业场景、作业痛点，在业务移转阶段用专业方式打开作业全景，通过HR系统的使用情况、使用数据和行为分析，定位运营流程中的低效环节，采用各种优化手段促进效能优化和改善。因此，SSC的核心视角是员工与管理者，以及COE和BP。

当今时代，产业结构发生持续变化，跨界融合成为主旋律，生态发展和互生共赢显得更加重要。对企业的各类合作伙伴、生态系公司的管理和支持也成为HR的重要工作职责，需要将合作伙伴、生态系公司作为用户，深度洞察它们的特征和问题，利用自身优势实现对企业生态的有力支持。HR的核心视角将被进一步扩展。

腾讯 HR 的产品设计理念

腾讯作为以产品制胜的互联网公司，内部所提倡的产品经理思维成为核心基因。腾讯强调产品思维，首先体现在对用户需求的灵敏觉察。这样的基因也深刻影响着腾讯的人力资源管理。腾讯产品经理思维最突出的特点就是以用户为中心，从用户的角度出发，挖掘用户最深层次的需求，创造超出用户预期的产品体验。腾讯的 HR 将员工视为自己的用户，将 HR 的各项工作视作用户使用的产品。如何加强用户体验，如何通过快速升级来持续不断地解决员工、管理者的痛点，如何为用户创造价值，对这一系列提问的回答引导腾讯 HR 走向成功。

腾讯 HR 认为 HR 的各项工作需要适应新的业态与环境，传统人力资源管理强调管控和服务两种属性，腾讯则选择弱化这两种属性。腾讯认为企业的成功高度依赖于激发员工的创造力，腾讯 HR 利用产品思维和场景化模式解决腾讯 HR 管理问题，利用产品改善员工体验，激发员工自驱力，通过员工自主驱动改善企业管理。

传统人力资源管理强调的管控属性，体现在所有工作都是自上而下，通过管理驱动来推动各项政策在员工层面落地，人力资源管理信息系统为管理意图的落地提供支持保障；产品思维、服务属性则体现在自下而上的员工自主驱动，从用户角度出发，注重用户体验，满足个性化、多样化的诉求，为员工提供更加友好便捷的服务与支持。

具体体现在三个方面：以员工体验为核心落地战略及践行文化，从被动服务到自主管理，提升员工的参与度和满意度；以数据为驱动的持续优化和迭代，从经验管理到数据智能管理，从事后管理到事前预警、预测和干预的主动管理，提升组织效率和管理效率，帮助管理者有效决策；以产品为载体实现管理去中间化，组织和人的沟通关系、决策逻辑都将通过技术来改变。

从这样的思路出发，腾讯 HR 定义了自己的产品设计理念，那就是站在用户视角“降低用户使用门槛”和“提升用户体验”，以用户为中心，让产品变得“最受欢迎”。

“降低用户使用门槛”是指从使用产品的便捷性、效率和成本三方面做到三个“极致”，即极致的方便、极致的高效、极致的便宜。“提升用户体验”是通过两个“更多”来实现，即更多的惊喜和更多的乐趣，带给用户超出预期的感觉。

用户体验并非停留在体感表层的体验，而是以用户的价值、利益为产品的基准原则。如考虑到市场上多元化劳动力的求职需求，腾讯 HR 助手提供了简单、便捷的视频面试工具。没有这个面试工具时，招聘经理和候选人一般通过加 QQ 或微信进行面试，但是通过 CE[①] 发现，这种方式虽然能满足功能上的诉求，但是双方对于个人隐私和生活圈的暴露都有顾虑。于是腾讯 HR 助手推出“面呗”这个产品，招聘经理与候选人无须互相添加好友即可面试，面试结束后粉碎面试关系链，产品一经推出就受到招聘经理与候选人好评。

以用户为中心的产品设计，需要突破 HR 传统职能的桎梏。在一个信息互联和无缝协作的世界中工作，积极应用 AI、大数据等技术，提升用户的使用体验、满足复杂组织形态下的协作和沟通将是未来 HR 产品的重头戏。

人才是腾讯最宝贵的财富，体现对人才的关心也是腾讯 HR 产品的设计理念。人才在职场能否长期健康持续发展，建立在财务健康、身体健康、心理健康、生活健康的基础上。员工在组织中的情感体验和感知，对团队的凝聚力和人才的留用有着至关重要的影响。员工在公司的每个里程碑和关键时刻，就是企业与员工共情的最佳触点，对这些最佳触点，需要采用极致产品设计理念，让产品体现出最优价值。

例如，在员工入司周年的时候系统自动发送一封祝贺的邮件，很多公司都有类似的产品，只是邮件的形式有所不同，这其实浪费了一个非常好的激发员工的机会，因为很多员工觉得

① CE（Customer Experience）意为用户体验与反馈，也指用户调研的行为。

这种形式只是一种机械化触发，这种人机交互缺乏人文关怀。腾讯 HR 助手团队通过对员工情感的洞察发现，如果通过产品设计让员工与团队成员产生互动来共同见证这个时刻，就能够让这个触点更加有意义。腾讯 HR 在贺卡产品的设计上勾画出一个核心逻辑，让产品在员工入司周年之际自动提醒员工的上级领导，领导可以非常方便地填写祝福，还可以传一张与员工相关的照片，通过一键邀请的功能，邀请其他同事和伙伴一起参与祝福，最后，产品自动形成一个记录该员工宝贵瞬间和祝福的海报贺卡，在员工入司周年当天通过微信推送，让员工看到同事们对他的关注。相信这对于员工来说一定是一个难忘的时刻，数据也表明，很多员工将这个海报贺卡下载珍藏。除了入司周年，这种贺卡定制的功能还覆盖生日、结婚生子、乔迁之喜等场景时刻。这种形式已经变成管理者建立团队文化、与员工互动建立情感链接的重要手段。

简单是对产品最基本的要求，也是最高的境界。把简单的体验交给用户，把复杂的逻辑和规则留给自己，这样才能给前台用户一个流畅的操作体验。随着场景和功能的不断丰富，保持产品“瘦身”和避免“臃肿”是一件很难的事情。所以，对产品有一个很关键的指标叫作“操作效率”。用户在几步之内能找到想找的功能？产品的界面交互是否极致的简单？产品中的每一个指引是否言简意赅、易于理解？是否直观易懂？这些都是产品设计中需要关注的重要问题。从用户视角出发对产品的分类和名称进行定义，而不是使用 HR 的业务逻辑，能让产品更符合用户的认知语言，简单方便和超出预期地实现用户意图，这些产品设计的理念不断给用户制造新鲜感和“懂我”时刻。

做最受欢迎的 HR

可以看出，人力资源管理所面对的用户是多维、多种特性、多场景的。人力资源管理的使命是不断寻找企业发展的内在驱动引擎，这要求 HR 工作者识别、关注和不断激发企业内各类群体，这些群体包括公司的决策者、业务组织、员工和管理者、HR 自身和带有面试官或讲师之类身份的员工，以及其他业务生态等。

人力资源管理所面向的内部用户如此多类，但真正从内部用户视角考虑问题的习惯还没有完全养成。我们常常发现，一个企业对外提供的商业化产品都很注重用户体验，但面向内部员工群体时，往往会忽略员工的需求和体验，习惯性从职能部门的管理视角设计政策制度和流程工具，于是就会出现各种问题：“这么长的流程指引，看不懂也不想看”“组织发展是什么意思，和我有什么关系”“为什么要这样设计，太不合理了”“都是被动安排的，员工没有一点主动权”……

用户体验是互联网产品的命脉。从PC互联网到移动互联网，再到智能化产品，用户的行为迁移速度之快，出乎很多人的预料。时代在变，但人性未变。人们对用户体验的喜好标准未变，用户始终喜欢清晰、简单、自然好用的设计和产品。外部用户的人性如此，企业内部群体也一样。用户思维导向，就是从用户的角度出发，挖掘用户最深层次的需求，创造超出用户预期的产品体验，这也是HR需要具备的重要素质。

因此，对各类群体和不同用户，都需要HR去深度洞察，通过专业化地理解和分析他们的实际情况，知道不同用户的需求是什么、有什么特点、使用场景是什么样的，做到真正懂用户。根据这些情况，锁定用户的核心关切，提炼出核心关切的场景特征，依据场景特征进行产品解决方案设计。在方案设计过程中，还需要不断收集用户声音，进行行业对标，不断评估解决方案的价值，修正有效性。只有成为能够为不同类型的用户创造价值的HR，才能得到各类用户的欢迎。

如何进行用户研究？

用户研究就是通过调研来发现人们使用产品时的真实感受，从而在用户需求和产品目标之间建起桥梁。用户研究可以帮助组织和产品经理全面了解用户、掌握他们的需求和痛点，从而发现机会点和产品优化方向。用户研究是产品经理的一项基本能力。

用户研究的研究方法主要基于定量和定性来划分。在实际使用过程中，HR 可以结合场景、用户研究目的、产品阶段采取不同的方法。如一对一深度访谈、焦点小组座谈会、观察法、问卷调查等，都是 HR 比较主流的用户研究方法。

比如针对管理者使用某个产品的用户研究，一般会采用一对一深度访谈，不仅仅是因为用户身份的重要性和特殊性，也是因为特殊用户群体需求的深度和差异性，需要进行深访挖掘，同时这种访谈对于访谈者的专业背景知识有比较高的要求。

观察法需要 HR 产品经理到现场观摩用户在真实工作场景下如何使用产品。一般适用于针对现实场景的产品设计，通过用户在真实场景下的动作和操作流程来了解其感受。在一个全新场景化产品推出前，产品经理会采取观察法测试用户的反应和使用情况。

比如腾讯有一款产品叫“面试叫号”，它的诞生就是来自产品经理在校招现场对面试官和招聘经理的行为观察。腾讯每年春秋两季都有大量的实习生和毕业生招聘，招聘现场需要管理诸多面试候选人，如何有序安排面试环节、提升面试官的面试效率和候选人的面试体验？HR 产品经理到一线参与校招，体验校招的完整流程，并现场观察招聘经理、候选人、组织者的行为和流程衔接，结合现场的各类情况，借鉴市面上常用的排队叫号工具，经过方案打磨和产品化设计，推出了“面试叫号”产品。该产品不仅有助于流程提效，还提升了面试官以及候选人的体验，获得广泛好评。

问卷调查是指通过给用户发问卷的方式来进行用户研究。问卷调查远没有看起来那么简单，同一个问题采用不同的提问方式可能会得到不一样的结论，同一种提问方式用不同的问卷结构来体现，也可能会得到不一样的结论。设计出合理的问卷并不容易。如果对问卷调查不清楚，或者对用户不了解，建议用迭代的方式来进行问卷调查，先针对小部分用户进行测试，然后调整问卷，再进行下一轮的问卷调查。

调研问卷不但要考虑问卷的需求方想解决的问题，还要考虑被访者是否愿意并能够回答这些问题，更高阶的调研问卷还应该能满足各种维度数据分析的需要。这就要求调研问卷有很高的结构性和逻辑性，必须围绕着用户研究目标进行设计。比如，在向企业全员进行 HR 系统门户界面使用有效性调研时，需要先从用户使用门户产品的心理诉求、使用目的、能力经验、看法评价等几个大的维度了解用户的全面情况，然后对一些关键维度进行下一层级的拆解和细化。如对“看法评价”维度的拆解，就要体系性地列出产品的品牌、性能、操作体验、服务事项、内容、安全感等方面，方便用户在接受调研时进行聚焦评价。这样的问卷设计更加结构化，可以提升分析的准确度和全面性。当然，问卷调查也需要适当考虑口是心非回答带来的数据偏差。

可用性测试也是一个非常重要的用户研究手段，这个概念来自研发，如今越来越多地应用于 HR 工作。HR 设计出场景化产品解决方案，在产品还没有上线推广前，可以进行可用性测试。用户按照指定情景任务对目标产品进行操作，HR 通过观察用户的操作表现与操作绩效，分析用户的操作错误，结合用户的主观评价，发现目标产品在用户体验方面存在的问题，了解用户的操作期望，为目标产品的升级改版提供参考依据。可用性测试能够让用户在基本真实的操作环境中检验产品效果，通过观察用户的行为、期望、认知和产品之间的差异，找到产品缺陷，以便小幅迭代和敏捷优化。在产品正式上线前做足检验，在产品真正上线并大面积推广时就能收获最佳效果。

除了以上比较常规的用户研究方法，还有很多创新的研究方法，如眼动仪、行为轨迹追踪等行为学研究方法。此外，还可引入大数据，通过各种数据相结合的研究方法来实现相互验证，让 HR 对用户的了解更全面、更准确。

用户研究并非一次性动作，而是长期行为，它应该贯穿整个产品的周期，从构思阶段到种子期和成熟期。随着产品所处阶段的变化，用户逐渐增加，得到的用户反馈也可能会变化。一款产品改版升级，内测阶段选的是比较资深、高频的用户；而到了推广期，普通用户的比例会大大提升。专业用户和普通用户对产品的理解与需求会有很大不同。这就需要持续地做用户研究和分析，才能保证及时了解用户。

HR 团队利用专业的用户研究手段的最终目的是帮助 HR 更好地发现和分析不同群体的核心特征，找到合适的产品去激发各个群体。用户研究的过程也是 HR 与员工紧密连接的过程，员工通过用户研究参与到企业内部管理活动中来，在与 HR 的相互探讨过程中达成价值的一致认同，这无疑是增强员工体验的最佳手段。

充分洞察需求，前端场景解耦

用户研究对业务和产品有着深远的影响，在 HR 领域也是一样。腾讯 HR 在推行各类工作时都会做用户研究。大到一项管理制度，小到 HR 系统上的一个功能按键，都会通过用户研究来了解用户的意见和建议。腾讯 HR 早已意识到员工声音的重要性，员工的反馈和感受可以帮助 HR 识别政策、流程及产品的不足之处，帮助 HR 聚焦员工所关注的核心诉求。

站在用户视角，就会发现传统意义上的 HR 职能模块划分方式并不友好，从各职能模块的业务逻辑出发设计的 HR 制度、流程和系统，会让用户出现体验上的错位。不同的用户群体对 HR 业务的关注点并不一致，如果仅仅是从 HR 各职能模块视角出发，设计出来的 HR 流程和系统必然只能满足 HR 人员的操作和使用需求。但实际情况是 HR 的流程和系统最核心的用户是广大员工和管理者。HR 对不同群体的用户进行调研，其本质也是在梳理不同群体用户在使用 HR 流程和系统时真实的场景特征，以期针对性地设计出符合不同群体用户需求的产品。这些场景特征的梳理，并非采用传统意义上的 HR 职能模块划分方式，而是将这些职能模块进行流程上的解耦，以用户视角创造出新的业务逻辑。这种业务逻辑上的重新设计与解耦，本质上与目前技术领域提出的微服务和轻应用架构设计思路一脉相承。

因此，微服务和轻应用也是下一代 HR 系统的主要特征，只要能找到相对闭环的场景，就可以建立一个应用。轻应用建设周期很短，升级迭代也非常敏捷，可通过组件化、模块化、标准化、解耦等方式来拆分系统和业务。以用户视角来进行 HR 产品构建，需要在前端把 HR 业务逻辑和功能逻辑做充分的解耦，解耦就像剥洋葱，力求去芜存菁，直达本质。对业务进行高度理解和提炼后，在用户侧，HR 向各类用户提供符合他们实际需求的场景应用；在运营管理侧，HR 抽象出能支撑业务运维的核心动作和基本元素，将这些基本元素进行组件化设计，搭建起能应对各类用户不同场景应用的标准组件，方便前端应用灵活调用。

招聘系统是一个非常典型的多用户视角 HR 系统应用。招聘系统的用户群体有候选人、面试官、招聘经理、用人部门、猎头顾问等，招聘方式包括实习生招聘、毕业生招聘、社会招聘、猎头招聘、伯乐推荐、内部人才市场等多种形式。企业招聘需求每年都在变化，投入招聘系统上的开发和运营资源也不少，虽然近些年市场上大型招聘系统或是招聘领域单一功能性应用产品有井喷之势，但招聘这项 HR 领域传统业务还是越来越难做，集中体现在企业对招聘效能总是不满、HR 深受招聘运营性工作困扰、面试官总感觉自己用的招聘系统不如别家的智能、候选人吐槽招聘体验不好等。可以看出，传统意义上的招聘系统或工具并没有对招聘业务进行充分的用户视角解耦，仍将招聘职能模块作为一个完整的逻辑来进行业务设计，却不知不同群体用户早已对招聘有更高层次的需要。

在腾讯，HRSDC 解决方案专家与招聘专家对招聘业务进行了重新梳理和业务定义，采用前端解耦的方式，打开招聘全景图，提炼出求、投、筛、面、谈、审六大关键环节，对于每一个环节根据用户的需求厘清核心场景（见图 5-1）。比如："投"的环节面向候选人，需要提供投递动作轻、简历收集快的产品工具来提升体验；在"筛"的环节核心用户是招聘经理，需要有筛选更智能、简历匹配更高效的工具来提升效率。对不同群

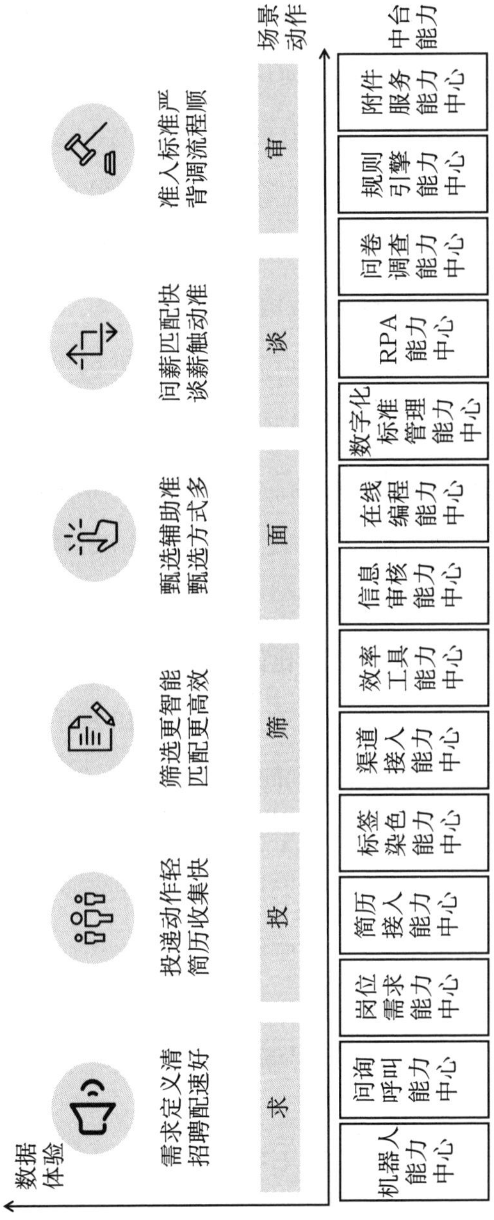

图 5-1 招聘业务前端中台解耦示意图

体用户按各自场景进行业务解耦，设计出完全体现用户视角的应用产品，不但能提升用户使用该产品的黏性，而且能为这个产品不断升级迭代打下非常好的基础。当然，这种面向不同用户场景的解耦，会对HR在抽象支撑业务运营的核心动作和逻辑上有更高的要求，需要HR有能力建设招聘业务核心逻辑中台，来支撑前端丰富多样的应用产品。

还有一种解耦，其目的是提升效率。HR的产品团队可以将常用的门户界面进行解耦，根据需求，将每一个图标、按钮、基本控件或者页面框架进行组合，形成一套可灵活调用的系统和产品。这将极大方便产品经理、设计师、前端工程师在进行新产品设计时直接调用成熟通用组件，让开发过程有效提速。这样也能保障产品因时制宜快速调整。比如面对2020年突发的新冠肺炎疫情，腾讯HR团队不到半天就在腾讯内部HR助手上设置“疫情专区”，里面包括最新的疫情期间的各项远程办公政策、返工隔离指引、疫情查询工具、全民打卡功能和全员必学必知课程等。“疫情专区”火速上架，就是充分利用了HR助手沉淀的从图标设置、内容编辑、页面模板到菜单管理等一系列抽象解耦的能力。

培养HR的场景化产品解决方案思维

场景化产品解决方案是以用户需求与业务场景的理解为基

础，对 HR 相关业务模块功能解耦和重新设计，形成解决用户核心诉求的整体方案，最终实现为用户提供受欢迎的产品与服务。HR 场景化产品解决方案是 HR 提供给不同用户的产品，解决用户场景化的需求或者问题，是 HR 给用户带来价值的关键载体和抓手。

场景化产品解决方案的思维，不仅仅是用户思维，更是对用户思维进行升级，通过对场景的分析，进入到用户的具体工作环境中，实际体验感受用户的需求和痛点，将其融入产品设计，结合前后场景预判用户目标，通过设计提高用户效率，给予用户惊喜与感动。吴声在 2015 年《场景革命》一书中写道："场景赋予产品意义，离开场景谈产品，产品本身将失去存在价值。"

场景化产品解决方案的思维，可以有效避免 HR 过度管理，在对 HR 的业务进行场景化分析时，如果站在用户视角下找不到对应的场景，意味着 HR 的这项业务需求可能是伪需求。另外，随着新的技术兴起、用户习惯的变化，场景也跟着变化，如果不去关注用户习惯的变化，固守过去的经验，HR 难以跟上用户成长的步伐。

用场景化产品解决方案来思考 HR 的工作，从用户实际业务出发，通过好的体验激发员工对 HR 工具产品的好感，会让 HR 的工作更容易被用户接受，有利于最终实现 HR 的既定目标。比如在腾讯，HR 为了提升公司的招聘效率设计了多个场景化产品，如招聘经理常用报表产品，它能够通过数据分析识别各个招聘环节的效率问题；招聘小助手产品可以帮助面试官智能化筛选简历；小 T 产品是一款智能问答机器人，用来提升招聘经理日常答疑效率；小约产品是一款效率机器人，可以智能化地安排招聘经理和面试官的面试时间和地点。经过洞察与专业分析后形成的多种产品与能力项的组合拳，最终被定义为招聘效率提升类场景化产品解决方案。

用场景化思路解耦 HR 体系

一个受用户欢迎的产品诞生之前，产品经理一定会思考清楚三个问题：我的核心用户是谁？我要为用户创造什么价值？我如何能做到？

好的 HR 产品打造有章可循

一款 HR 产品的打造，从创意的产生到上线，需要多轮验证，不断打磨和细化。好的 HR 产品的诞生，往往要经历创意发酵、聚焦定位、设计实现几个环节。

在创意产生环节，有句话叫“痛点即机遇”。在做 HR 产品时，一部分需求来自 HR 部门的业务需求，产品经理需要根据业务需求进行产品设计和交付。另外，作为一位优秀的 HR 产品经理还需要主动发现问题、识别机会、提出新的想法和创意。关注痛点问题，找到问题的来源，分析其中的逻辑——这是创意的重要来源。

创意发酵，可以从现有的业务痛点中挖掘思路，通过现状分析、用户访谈、数据分析等手段进行识别，这比较依赖产品经理对问题的洞察和敏锐捕捉。创意发酵，还可以从行业研究中洞察趋势，从宏观的、行业的趋势出发，更前瞻地预测未来的方向，把握现在的机遇。创意发酵，也可以通过项目团队内部头脑风暴碰撞出灵感，利用这些灵感，寻找创新的方向和命题。

聚焦产品定位指的是制定愿景，初步定义产品定位和目标，对产品的前景和发展策略做初步判断。是否能用一句话清晰、简单地总结说明产品的价值主张，是衡量产品定位是否清晰的关键。价值主张强调产品给用户带来的价值承诺，解决了用户的什么问题，为用户带来什么意义。聚焦定位，需要定义清楚产品的能力范围，即“有所为有所不为”，清楚产品的边界在哪里，这也是为了避免有了一个想法就直接撸起袖子开工。有效的做法是快速轻量地验证需求的真伪和可行性。一般可以通过用户调研、市场调研、最小可行性验证等方法来验证需求，听取用户反馈，迭代产品功能。最小可行性验证就是在前期用最小的成本设计出可表达项目创意、可表达核心理念的原型产品，用最快、最简洁、最低成本的产品形式投放测试，验证是否存在真实的用户需求。在做验证时，无须花费太多精力设计一个完美精致的产品，仅需要提供一两个最核心、最简单的功能，来解决用户最痛最刚需的问题，并搜集体验效果数据和用户意见。在这个阶段更重要的是一对一听取核心用户的意见，验证需求的真伪和可行性。这些验证也是不断清晰和明确产品定位和价值主张的过程。

在设计实现的过程中，要重视产品方案架构设计。产品方案架构设计是将产品理念落地的第一步，目的是形成产品的高阶分层架构，并抽象出产品的价值、卖点和服务模式。产品方案架构设计的目标是从产品内部勾勒出平台各层的定位和职能。此外，产品的价值、卖点和服务模式需要在该环节确定。在设计实现时，产品经理首先要注重优化用户体验，统一操作路径，提高体验一致性和友好性；其次，需要搭建产品分层级的设计框架，贴合产品/平台的定位，设计轻度运营场景，同时关注效率提升，通过组件化设计来提高复用率；最后，HR 的产品设计还需要更多结合产品的背景、目的、用户、收益等各个维度，抓住产品最核心的本质价值，这样输出的设计才能帮助业务更好地实现 HR 产品价值。

HR 通过用户洞察定课题

用户有着各种各样的需求，但资源与时间是有限的，无限需求与有限资源之间的冲突是不可避免的，做什么不做什么、先做什么再做什么，是必须要做的决策。

确定命题是设计场景化产品解决方案前一项至关重要的工作。用户遇到了什么问题？问题产生的背景是什么？为什么要优先解决这个问题？HR 有哪些优势能力来解决问题？这是用户洞察的过程，也是确定命题的关键要素。

可以通过引入项目管理方法论来保证决策的正确性和有效性。课题立项是项目管理的重要环节，立项管理本质上就是一种决策行为，其目标是“做正确的事”。而立项之后的研发活动和管理活动的目标是“正确地做事”。只有“正确的决策”加上“正确地执行”才可能产生优秀的产品。做好课题立项，使资源投入到价值高、战略匹配度高的项目中，是非常有用的管理机制。

通过用户洞察和分析，能够在众多干扰信息中锁定核心问题，看到问题本质，能够平衡好价值性与可行性之间的关系，这是一项比较高阶的能力。俗话说，提出好的问题比回答好问题更难也更有价值。这需要我们对业务和需求有更深入、更精准的理解，也需要我们发挥好 HR 的优势能力，知晓用户的困扰，清晰精准地描述问题本质，形成初步的场景化方案。

端到端地思考 HR 场景化解决方案

如果说破题体现了用户洞察能力，那么解题能力就是在考验 HR 能否通过端到端意识来设计场景化解决方案。

HR 领域的端到端，指的是既能体现出对不同用户群体需求的洞察，也能体现出对组织运作、制度调整以及工具落地的实际保障，还能在用户侧最终体现出显性价值。无论是哪种场景哪种用户的需求，在解决方案设计方面，都需要端到端地考虑业务全场景、全流程和全用户类型，需要重视效能和体验，需要卷入用户声音、关注用户体验。

这就要求 HR 在场景化产品解决方案的设计中时刻关注方案能否在运营过程中体现出用户非常关注的三个共性需要，也就是高效能、高安全、低成本，这也是解决方案设计的核心机制。高效能的运营管理是一种标准，更是一种能力，为用户在效率和质量上找到最佳方案；高安全的运营管理是为用户设计出业务稳定、系统安全、长效保障的高安全性解决方案，得到用户的持续信赖；低成本的运营管理是非常重要的价值导向，也是在为用户提供服务和产品解决方案时必须重点考虑的一个要素，在做系统研发解决方案设计、服务解决方案设计、工具产品解决方案设计时，需要实现低成本，将收益显性化，这是以用户为中心的体现。

场景化产品解决方案设计是未来 HR 非常重要的能力，是为多维用户提供场景化产品、创造用户价值的关键能力。在立项后做解决方案设计时，需要破题、产品组合与能力准备，并充分考虑是否符合高效能、高安全、低成本运营管理的核心逻辑。在方案进入运营阶段后进行的方案价值评估，也是端到端意识的重要体现。

解决方案设计的目标是为用户带来价值，受用户欢迎，并符合 HR 的价值定位。解决方案是否可行，必须看解决方案是否符合这些目标。在解决方案的效果预估和效果呈现上，可以通过如下三个方面进行衡量：

首先是通过数据体现价值。找到命题中最能体现价值的关键数据维度后，为了能够核算出数据，对解决方案实施前的现状和实施后的变化数据都需要做专项采集。这些变化数据来自很多方面，可能是效率提升方面的数据，例如员工办事的平均时长缩短、数据报告制作耗时减少、系统上线后工作流转总耗时减少；也可能是人力投入减少的数据、成本降低的数据、安全等级提升的数据、异常事件出现频率降低的数据；等等。这些数据维度在产品解决方案的设计阶段就应该能预设，甚至是解决方案的目标之一。用数据说话，用数据做价值评估，是未来 HR 的核心能力。

其次要有经验沉淀。将形成的场景化解决方案固化为某一用户场景的产品，纳入部门解决方案库，丰富产品图谱。复盘对问题的洞察、破题的思路、解决方案的设计，以及前端与中台的合作、最终价值的评估，全流程的复盘动作能不断提升部门员工提供整体解决方案的能力。

最后还要让解决方案有新的拓展领域。随着与用户深入合作，HR 对用户会有更进一步的了解，HR 的解决方案能力和中台能力也在持续丰富完善，可以发挥更多价值，促进新一轮合作。

用技术创新和产品思维赋能 HR

不断利用新技术创新赋能 HR

当下很多新技术的应用已突破概念阶段，这些技术能够延展 HR 的很多能力，为 HR 创造出更多元的功能，也可以极大地丰富 HR 解决方案，令 HR 从传统的选育用留职能性工作向围绕员工工作生活的各个方面延展。

以 AI 技术应用于招聘领域为例，通过数字画像 + 简历解析 + 行为学习的算法技术，HR 只需上传候选人简历，即可自动精准推荐，这样的机器手段处理简历的效率比传统的人工手段高十倍以上，简历处理的精准性还能随着机器学习能力的提升而不断提升。

在情绪管理领域，基于 AI 算法，通过心理咨询模型、音乐心理疗法、机器人对话进行专业的情绪疏导，为员工提供服务，这类产品也越来越多。

腾讯在 2018 年就将传统的 HR 办事窗口升级为“T 站”，T 意为 Tencent（腾讯）、Talent（人才）、Technology（科技）、Tactfulness（灵动），希望能够为员工带来科技智能、人性化和有温度的 HR 服务体验。T 站空间引入体感互动墙和数字多媒体，大量采用自助和互动方式，引导员工在最放松的状态下完成类似社保等 HR 事务办理，以及类似领取周年福利等自助事务办理。高效敏捷的事务办理，要依靠强大的数据处理、信息审核、业务流程灵活配套的后台技术来实现。在智能化产品设计理念下，T 站不仅提升了事务处理效率，更是为员工提供了伙伴式的交互平台。在员工与 T 站交互过程中，采用自然语言识别技术的 AI 机器人小 T，会记录下所有员工的政策咨询、事务问询，并会跨越时间、空间，持续保持与员工的互动，极大丰富了 HR 面向员工的触达能力。

AI 技术和大数据分析工具已经广泛应用在整个人才生命周期管理中。例如，可使用分析技术准确预测新员工的表现；使用基于 AI 的虚拟助手，为经理指出敬业度问题；使用基于 AI 的薪酬支持系统，及时发现薪酬不合理的地方；使用专用聊天机器人，为员工提供全天候服务。

有一款技术产品叫作 RPA，现已进入 HR 的视野。RPA 的全称是 Robotic Process Automation（软件机器人处理自动化），就是用软件自动化的方式实现本来是人工操作计算机完成的业务。这项技术可以帮助我们处理大量重复的、基于规则的工作流程任务。RPA 技术早已普遍应用于金融、财务等领域，具有不少优势。首先，它可以做到 7×24 小时永不停歇，工作灵活，可测量。其次，RPA 工作高效。研究表明，一台 RPA 机器人可完成五名正常作业人员的工作量。最后，RPA 不仅能节约成本，而且在减少错误、降低安全风险、提升作业质量上有卓越的表现。RPA 能很好地完成固化流程和原则的业务工作，但不太适合突发多变的业务场景，因而现阶段 RPA 技术在 HR 领域的应用并不广泛。

在腾讯，HRSDC 团队也引入了 RPA 技术，将 RPA 技术整合在 SDC 自身的中台架构体系中，通过技术与业务服务体系的融合，打造出一项新的 HR 服务能力，SDC 将之称为 NTS-RPA 服务能力中心。这项新的 HR 服务能力通过“技术＋运营”组合的建设模式，为如何更加快速、灵活、低成本地端到端做好 HR 服务交付做了有益的探索。

机器有机器的优势，人有人的优势，将两者的优势结合起来，共同应对 HR 业务场景中重复性高、规则比较明确、耗时的事务，能有效避免 RPA 不适合突发多变业务场景的局限，对于 HR 来说，无趣且易出错的业务恰恰是 RPA 的强项，HR 把这些工作交给机器处理，就能聚焦与人相关的工作。通过 RPA 服务能力中心的建设，腾讯 HR 探索出一条新的 HR 中台化服务建设思路，通过“技术 + 运营”形成整体解决方案。

设计思维提升 HR 场景化产品设计能力

设计思维（Design Thinking）是通过提出有意义的创意和想法，来解决特定人群的实际问题，这原本是用在工程设计和工程技术当中的一个概念。通过理解设计师处理问题的角度可了解设计师的构思方法，在组织内部如果通过训练使每个人都具备设计师的构思方式，则个体创新意识将得到激发，组织创新水平也将进一步提升。

如今，这个概念也被用在商业活动中和管理领域。设计思维已成为流行词，被更广泛地用于描述一种以人为本的解决复杂问题的创新方法，它利用设计者的思维模式，将技术可行性、商业策略与用户需求相匹配，从而转化为客户价值和市场机会。斯坦福设计学院将设计思维分成五大步骤：同理心思考、需求定义、创意构思、原型实现、实际测试。这几大步骤与 HR 的场景化产品解决方案设计思维非常契合。

在用户研究阶段，HR 所体现出来的设计思维就是考虑后续运营和技术的配套，把用户研究阶段得到的点状需求洞察升级为系统化解决方案，面对个性化、差异化的诉求，做好前置规划和方案上的拉通。这需要 HR 综合多方信息，从需求出发到场景还原，从问题分析到新方案提出，把一个需求梳理透彻，帮客户解决完整的问题。这样一来，我们就能很清楚地看到，用户是在什么场景有此需求，他们是怎么应对的，目前的解决方法有哪些弊端，如何更好地解决，以及新的解决方案对用户和平台有何优势，有无潜在实施风险点，新方案落实的关键点是什么。这样的梳理可以帮助团队深入理解每个需求，并且更好地评估功能实现方案。

在产品设计阶段，HR 所体现出来的设计思维就是了解目标用户，确定需求，制定产品方向和策略，通过访谈、问卷调查、焦点小组、行为观察等方式了解用户真实使用情况和需求，帮助产品经理明确产品目标。这个阶段产品经理会输出产品原型，确定产品整体框架和功能逻辑，进而确定视觉和设计方案，此时需要及时验证产品设计是否符合用户预期和诉求，验证需求的匹配度，是否满足了原先设定的产品目标。

在产品研发阶段，产品一般会经历多轮迭代开发的过程，所以每一个迭代版本的体验版本完成后，都可及时做用户研究，发现不同版本中的问题，便于在下一个版本中及时得到修复，这也是设计思维的体现。

在产品发布后，利用设计思维中的用户研究来验证产品的预期效果和用户对产品的反馈评价。此时需要关注每个功能点的使用情况、用户好评和差评数据的行为分析，以便进行优化点和新功能点的挖掘，便于产品制定推广策略和下一步的迭代方向。

为了响应外部变化和最终用户意见，企业必须加速行动步伐，不断迭代完善。因此，用于解决问题的传统瀑布式方法不再适用于企业各个部门。取而代之的是，企业必须鼓励各部门与客户和员工进行共同创造和迭代创新，在形成解决方案的全过程中高度重视用户的意见。因此，培养和应用设计思维能力，让 HR 具备结果导向设计师思维，是提升 HR 场景化产品解决方案能力的有效途径，也是激发员工主动参与管理和积极创新创造的有效手段。

HR 场景化产品解决方案落地的保障

HR 场景化产品解决方案的设计与推行落地，对 HR 在产品能力和数据分析能力上提出了新的要求，需要HR梳理出所管理产品的特性和受众，需要有快速落地执行的能力，还需要在打磨产品特性上具有坚忍的耐力，更需要不断自我学习，用设计思维对待工作，聚焦产品价值上的成功，用数据来说话。

因此，HR场景化产品解决方案的设计与推行落地，需要有PA或HR产品经理这类角色的保障。这样的角色在腾讯并不是一个新的概念，腾讯在成立HRSDC时就对HR产品经理有明确的素质要求，需要HR产品经理具备自信、自驱、自豪、自强的品质。

自信从哪里来？产品经理如果通过各类渠道听到了来自用户和客户的各种声音，同时掌握了做好产品的核心方法论，又怀有一种把产品做成功的冲动和情怀，那么从他身上一定能看到自信。

自驱力从哪里来？产品经理的本质就是发挥自己的创造能力，展现自己的价值，“赛马不相马”是产品经理的本质带给大家的驱动力。对自己负责，对自己的未来负责，这种自我成长的驱动力对于产品经理尤为重要，这也是能做出有价值产品的核心动力。

自豪感从哪里来？首先要喜欢自己从事的工作，始终对产品有自豪感，用这种自豪感影响产品的研发运维团队，发挥影响力，吸引更多优质的人才加入创造产品的队伍中。这需要产品经理设计好自己产品的路线图，长短期兼顾，用长期目标来展现价值，用短期成功来验证价值，在这样不断验证和展现的过程中团队也收获自豪。

自强指的是要有一颗坚韧的心。在打造产品的过程中，一定会有难题甚至是低谷，产品经理不要闭门造车，不要受了挫就气馁，在自我怀疑或是暂时未得到外界肯定的时候，能够坚韧不拔，不放弃。只有坚持，才能学会利用一切力量和资源助力产品成功。

HR 场景化产品解决方案无法依靠单一的研发能力、运营能力或是数据能力完成交付，为了提供给用户完整而有效的解决方案，产品经理需要解耦 HR 不同业务模块间的关联关系，推动基于用户视角的业务逻辑整合，还要考虑业务未来的可扩展性和系统稳定性，方案不能只满足眼前的需求，还需要在数据架构、技术架构和安全性能方面进行长远考虑，并对方案的落地运营进行全生命周期的推演考虑。

HR 场景化产品解决方案落地，除了要有产品经理这样的角色保障外，还需要关注数据。用数据说话，才能保障方案客观科学。数据赋予 HR 循证管理的能力，这也是科学决策的手段。PA 这类 HR 的新职能角色，体现出 HR 开始用数字化的意识去设计和优化产品。产品上线只是第一步，只有通过数据积累和分析持续地关注用户声音以迭代升级产品，才能让产品不断带来价值。比如主动进行全盘统筹、历史数据总结、优化数据颗粒度、利用时间跨度比对分析，这些都是保障 HR 场景化产品解决方案落地的重要手段。

06

第六章

中台聚能：实现 HR 数字化能力保障

HR DIGITALIZATION MODE

随着市场变化，传统的 e-HR 模式已经不能满足用户诉求。传统 HR 业务视角强调的是流程严谨、管理工具和专业模板，传统 HR 系统设计的出发点是体现管理意图，强调管控、被动执行、流程集成。未来 HR 系统的建设应该站在全新的用户体验视角，更关注用户需要什么、对应的场景是什么、是否好用，整体出发点是用户极致体验，强调尊重与自主、主动参与、场景化。提升 HR 数字化能力，建设适应未来的 HR 系统，就需要 HR 培养中台聚能的新意识。

人力资源的中台是什么？

中台是什么？

“中台”的概念最近十分流行，实际上“中台”的核心逻辑和做法在办公自动化时期就已经有了。当时 IT 行业把一些能适应不同用户个性化需求的开发组件抽象出来，进行复用，希望提升软件开发效率，应对用户千差万别的需求，这些可以抽象复用的组件叫作“中间件”。中间件模式在管理标准化程度非常高的西方国家获得了巨大的成功，一些软件公司通过管理标准化的理念，建立起标准化程度很高的中间件工具，并将这些工具有效地应用在企业管理信息系统中，SAP、Salesforce 等是其中的代表。可惜的是，早期中国企业对软件的定制化需求过高，反而轻视了标准化、流程化管理理念在企业的沉淀，中间件这种通过标准化工具提升管理效率的概念并没有在中国同步成长起来。

喜欢手游的玩家应该都知道《部落冲突》这款游戏，它来自芬兰顶尖游戏公司 Supercell。Supercell 仅有 300 多名员工，2020 年度营业收入约为 15 亿美元，人均效能极高。2015 年，阿里巴巴集团通过研究 Supercell 的开发模式，总结提炼出“中台”的概念，并在内部自上而下强力推动和构建“大中台、小前台”的组织机制和业务机制，中台的概念在中国正式走上舞台。中台模式的雏形简单来说就是把游戏开发过程中需要的一些通用的游戏素材、算法、管理方式整理出来，作为工具提供给所有的小团队。同一套工具可以支持好几个小团队开发游戏。

2018 年，百度对技术体系进行架构整合，其中对基础技术体系进行了重点变革，提出“提升数据中心、基础架构、运维等方面的能力，打造强大的技术中台，提高工程效率及资源效率”[1]的要求。为了追求卓越的效率，百度专门成立了研发效率团队，赋能业务，带来质变级的效能提升。

同年 12 月京东宣布采用“前台 + 中台 + 后台”的组织架构，将京东过去十几年所积累的零售板块经验标准化、组件化、平台化、系统化，做好对前台的赋能和支持。在自营、开放平台和生活服务三种不同供应链形态下布局相应的能力建设，打造核心竞争壁垒。

腾讯也在 2018 年进行了“930”组织变革，拥抱产业互联网，形成一系列更聚焦各自航道的事业群，力求在“一个腾讯”的大平台上充分发挥整合优势。通过将腾讯的技术统一标准化，来实现产品高效交付，促进内部协作与创新，打造具有腾讯特色的技术中台和数据中台，进一步推动生态的开放。

继阿里巴巴、腾讯、百度、网易、京东等互联网头部厂商先后调整组织架构、实施“中台战略”后，国内不少行业的领先企业开始投资建设自己的中台。这些企业中台的落地，使中台的价值得以显化，对其他仍处于观望阶段的企业起到了示范作用，进一步沉淀了中台在各领域建设中的方法论和工具集。

随着解决方案和工具的完善成熟，以及中国企业管理标准化和数字化的进程不断加速，中台将从大中型企业向中小型企业下沉。未来，中台将成为多数企业 IT 的必备基础组件，成为

---

① 百度研究院．百度大脑 AI 技术成果白皮书（2018—2019）.

几乎所有企业的 IT 基础设施之一。同时，企业建设中台的决策周期缩短，建设成本也将逐步降低。

中台将企业的共性需求进行抽象，打造为平台化、组件化的系统能力，以接口、组件等形式共享给各业务单元使用，使企业可以针对特定问题快速灵活地调用资源构建解决方案，为业务的创新和迭代赋能。简言之，中台是企业数字能力共享平台。作为企业 IT 资源的综合指挥和调度平台，它以统一的标准和流程规范，帮助企业实现业务互联互通、资源协调和信息共享。

HR 中台体现以人为本的核心能力

企业的市场响应能力和规模化创新能力，是互联网时代企业综合竞争力的核心体现。中台建设的根本意图，是在市场侧强调创新灵活地快速响应客户需求，在内部组织体系和技术架构侧追求稳定地提升企业效能，这两者间存在的辩证矛盾关系通过提供一个中间层来解决——让业务前端与企业内部体系架构合理配速，打通并顺滑连接前台需求与后台资源，帮助企业不断提升业务响应能力，赋能企业规模化创新。

从实践中我们可以看到，中台就是“企业级能力复用平台”。中台是真正为前台而生的平台，已突破了原有技术组件构成的“中间件”概念。中台可以泛指技术中台、业务能力中台甚至是组织机构中台，它存在的唯一目的就是更好地服务前台规模化创新，使后台资源顺畅流向用户，进而更好地响应用户、引领服务，使企业真正做到自身能力与用户需求的持续对接。

所以，中台的核心就是能力复用。企业的能力可能包含多个维度，常见的例如计算能力、技术能力、业务能力、数据能力、AI 能力、运营能力、研发能力等。其中大部分能力还可以继续细化和二次展开，形成一张多维度的企业能力网，这些能力对应各个中台，比如计算中台、技术中台、业务中台、数据中台、AI 中台等。

对企业而言，中台以业务中台、数据中台和技术中台三种为主要类型，而计算中台、AI 中台更像是技术中台的特殊形式。业务中台是基础，进行业务数字化，产生的数据不断反馈到数据中台，进行数据资产化，驱动业务创新发展，业务中台与数据中台相辅相成，相互演进融合，形成增强闭环。技术中台则是为了更好地支撑业务中台和数据中台快速建设，因此目前技术中台更偏“稳定”。

人力资源领域所涉及的中台建设可以分为 HR 业务中台、HR 数据中台、HR 技术中台。

HR 业务中台研究的是企业内部的 HR 软件系统如何进行抽象和设计，让 HR 软件系统就像搭积木一样灵活，可以重复高效地利用现成的软件组件，快速组装开发出新的软件系统，从而节约软件开发成本，并能够快速支持 HR 业务开展。

在 HR 领域目前广泛讨论的业务中台包括招聘中台、评估中台、用工中台等，各种中台还能划分出更多的功能组件，更方便地进行组装与结合，来支持相同领域的不同业务线、不同团队的 HR 业务，比如在线编程、电子签名、评估模型等。

HR 数据中台研究的是企业内部 HR 数据治理问题，以及数据产品体系和数据底层结构的搭建问题，具体体现在统一的 HR 数据安全、数据规范、元数据管理、数据编码管理、数据仓库、数据集市的拓扑架构和大数据底层算力建设。HR 数据中台更侧重于从 HR 业务规则和数据产品层面对数据的治理、管理、应用。

HR 技术中台研究的是 HR 软件产品的技术实现过程中可以进行抽象复用的架构。例如，消息中间件 MQ、分布式计算框架 Hadoop、分布式服务框架 HSF、各种 Open API 等等。HR 技术中台是从技术实现层来思考功能组件的复用能力，并且在这个基础上加入 HR 业务逻辑上的特殊要求，因此，需要在设计思路上与 HR 业务中台一脉相承，这也是对设计 HR 技术中台的技术人员的特殊要求，需要技术人员对 HR 业务中台有深入了解。

实际上，这几个分类与传统企业信息化建设中非常核心的企业架构一脉相承，业务中台对应企业应用架构，数据中台对应企业数据架构，技术中台对应企业技术架构。互联网企业所谓的中台建设思路，逃不出经过几十年沉淀的 IT 理论框架以及管理理论框架。

HR 中台的核心价值

HR 中台的概念，更多时候体现的是一种思维。中台价值的实现，不见得只能通过技术手段，还可以通过组织设计优化，提升组织能力，进而提升企业对市场的响应水平。

麦肯锡的报告指出，企业数字化转型成功率仅为 20%。即使是精通数字技术的行业，例如高科技和互联网行业，数字化转型的成功率也不高，较为传统的行业中，数字化转型更具挑战性。报告发现，组织能力不强是企业数字化转型的绊脚石之一。组织能力不强主要体现在：各职能和部门相对孤立、害怕承担风险、难以形成统一的客户导向文化。即便是以技术为中心的公司或部门，也往往会暴露出这些不足之处。搭建中台是推动组织能力建设和企业数字化转型的较好方式。

HR 中台的建设强调领域建模能力，在共性模块上一鱼多吃、敏捷迭代、工程复用、灵活创新。其本质是能力复用，背后的规律是经济学意义的投资与回报。中台设计时应具有投资人的心态，基于 IT 系统建设成本高、复制成本低的特性，应坚定追求超额价值。如果中台能够做到抽象程度高、设计前提少、适应能力强，领域模型解决方案能够高度契合业务的多样化需求，中台的成功就是必然的。

例如 HR 要开展 360 度领导力评估、周边反馈、简易快速调查（Pulse Survey）等逻辑相似的调查评估类业务，就可以调用基于应用开发运行容器的问卷调查业务中台，不仅能快速搭建起这些业务的技术架构，还可在未来孵化更多评估场景的应用。基于问卷中台做调查类应用，只需要关注业务的创新设计，产品开发不需要从零开始。随着对前端组件的合理抽取，组件库将会不断积累和丰富，通过前端工程化效率框架支持，前端开发会越来越轻松。

HR 中台需要从业务角度出发去评估价值，通过对数据的整合以及技术组件的标准化，提升前台业务的开发效率，让全域数据在中台汇聚，提高信息传递的效率。在这套 IT 治理机制中，中台发挥了聚能复用的核心价值，真正赋予企业业务快速响应和创新能力。聚能复用的本质是将系统之内的专属功能对外开放，变成可以被其他应用系统调用的公共模块。中台是对平台数字能力的再分工、再沉淀，是平台的平台，以聚合的方式帮助前台快速匹配所需的能力及资源，进而更敏捷地响应快速变化的业务场景。

由此可以看出，HR 中台的核心特点是：降低开发成本，提高交付效率；快速应对业务变化，提升业务创新孵化的能力；聚焦自身优势，构建生态能力；充分利用内外部资源，实现技术管理的创新。这要求 HR 中台在建设过程中体现三个显著特征：

一是敏捷。随着业务需求不断变化，管理的复杂度也在不断提升。企业不但要推动各类管理意图快速落地，还要应对员工和组织各种新的体验需要。企业 HR 管理信息系统如果仍然是一个单体大型应用，那么只能配备庞大的开发团队，不断对这个系统进行补丁式开发，以满足用户个性化的需求，但开发难度将不断增大，还有可能在性能和时间响应上越来越不如人意。将 HR 的大应用变为多个小的应用组合，每个小的应用又能实现自我扩展，这样才能适应外部的快速变化，实现 HR 业务对管理意图及用户意图的快速应对。

二是解耦。随着 HR 业务的专业化发展，HR 各类职能模块分工越来越细，职能模块之间的交互越来越复杂，HR 应用系统之间的数据逻辑和业务逻辑也会越来越复杂，HR 业务系统中的一个功能修改可能会影响其他多个业务系统的业务逻辑。只有将那些通过业务流程强耦合在一起并且需要通过上下游大量交互才能完成的功能模块从应用中拆解出来，根据不同用户不同场景的诉求，重新识别这些功能的组合方式，才可以使 HR 各业务应用之间形成一种弱流程连接关系。通过大幅降低系统应用的耦合关系，增强可配制性，可以提升用户新需求的响应速度。

三是复用。HR 业务具备很多可以复用的公共能力。在 HR 中台建设一些公共能力中心，可以大大提高开发效率，避免重复建设，同时使得数据和流程可以集中管理和优化。

HR 业务中台能力要求

对于业务中台，目前公认的关键要点包括如下关键词：企业级抽象、下沉、复用，这些关键词代表了业务中台建设的特点，同时也是在企业应用架构[①]设计中需要深层次思考的问题。因此，如果要深层次地思考软件产品的企业级抽象、下沉、复用问题，可以从三个角度进行全新的审视，分别是：基于抽象复用的视角、基于架构合理性的视角、基于业务统一管理的视角。

对于 HR 业务中台，我们要同时从这三个角度来提出能力要求。

基于抽象复用的视角

所谓抽象复用，是指对软件中重复的功能和模块进行抽象

① 企业应用架构是指企业内部的各个软件系统以一定形式建设、组合，从而高效地支持企业的经营运作。

并下沉一层。

什么叫抽象？什么叫下沉？举个例子，有两个系统 A 和 B，其中系统 A 中有模块 M，系统 B 中有模块 N，经过分析发现，模块 M 和 N 的功能高度相似，可以抽象合并，避免重复建设。先抽离共性模块，将模块 M 和 N 分别从系统 A 和 B 中剥离出来，然后合并共性模块，对其功能进行抽象合并，模块 M 和 N 合并后得到模块一、模块二和模块三，其中模块一是模块 M 和 N 共有的功能，模块二和模块三分别是针对系统 A 和 B 提供的一些定制化功能。虽然有少量功能无法做到完全合并和复用，但新模块中绝大多数功能集合已经被高度抽象到模块一，可以被系统 A 和 B 复用。而被剥离合并后的全新模块一，将会下沉一层，作为基础服务为系统 A 和 B 提供支持。系统功能被合并、抽象、下沉的这种设计思路，节约了软件研发成本，是一种非常经典的中台设计思路。

比如在某大型集团公司里，员工关系部门管理多种类型的员工，包括正式员工、项目外包人员、人力外包人员、顾问等。针对不同类型员工，HR 设计了不同的人事管理系统，但这些系统都涵盖了各个用工模式的生命周期管理，都包含入职（或者入场）、离职（或者离场）等功能模块，各个业务系统都由产品研发团队维护。随着系统逐步成熟，一些问题逐渐凸显出来。首要问题是功能分散，一个业务规则的调整需要改造多套系统，多套代码的改法还不一样，导致系统响应业务的速度急剧降低，例如每次进行人员入场或离场权限调整，或者人员信息添加的时候，需要调整各个系统的不同模块。虽然各个系统侧重点不同，但需要解决的是同一类问题，即管理人员的入离调转问题。为了解决各个业务系统中类似这种用户入场离场等高度重复的功能的开发问题，我们可以采用业务中台思维，将入场和离场两个业务场景的功能从原有的系统中剥离，予以合并，建设“异动”模块，该模块作为中台产品，具有对所有人员入场及离场的统一管理逻辑。

由此，我们完成了对人员入场离场模块的抽象下沉，曾经重复开发的页面被合并成一套，研发人力得到了释放。这就是典型的基于抽象复用的视角设计的中台产品。这种模式有一个显著特点，即软件的抽象和复用是成本问题，不影响业务。

当然，对软件功能模块所承载的业务逻辑进行抽象，是很有挑战性的工作。如果分析不当或经验不足，有可能制定错误的抽象方案。人们总是希望对软件和功能进行正确的抽象决策，让抽象出的系统和模块具有高度重叠的特性，然而受限于经验不足，或掌握的信息不足，很可能做出错误的判断和设计，因此做出了错误的抽象决策。被错误抽象的系统模块，只是一个畸形和别扭的模块，生硬地把一堆毫无关联的功能强行捏在一起，在现实中并不能被充分复用，给研发工作反而带来更大的麻烦。所以设计人员要有足够的思辨能力，来判断产品形态是否值得抽象下沉，是否能够提供复用能力。

任何软件系统的设计都是基于对业务逻辑的归纳法，而非演绎法，即软件设计人员总是通过对现有世界和业务的总结提炼完成软件设计，而无法通过推测演绎实现。设计人员无法对业务的未来做出预测，只能基于有限的经验，尽量保证设计的灵活性和正确性。理解这一点非常重要，这会让你在软件设计、产品设计中心存敬畏，不会因为一味地追求短期无法论证的结果而进行严重的过度设计。

基于抽象复用的视角要尽量注意以下几点：

首先，明显具有共性的模块尽早抽象。HR 业务产品的体系化设计中，很多形态的产品是具有明显共性的，可以尽早进行抽象设计，这样在系统架构建设的早期就能做出正确的设计方案，不仅不会增加额外的研发工作量，反而会让未来的系统扩展更加轻松。例如，业务系统的统一权限管理系统、单点登录系统、组织架构系统、公告系统、短信系统，都应该尽早抽象建设。

其次，不确定是否体现共性的模块暂不抽象。例如统一用户视图、评估中心等软件模块，很难判断在多业务线场景下能否完全复用，如果对于是否抽象拿不准，完全可以先不抽象，等业务渐渐明确，有足够的信息做出充分的分析和判断后，再决定是否合并抽象。

最后，避免“人力外包中台”。中台的建设一定要有合理的原因，如果只是为了建中台而建中台，会让系统架构混乱，工作效率反而降低。此外，很容易产生“人力外包中台”现象，即下游业务团队把中台团队当作乙方来合作，“不管是否合理，需求提交给你就必须高度支持，否则就是不支持业务一线”，这样不仅会让中台产品和中台团队失去应有的功能特征，还容易形成团队间的敌意和隔阂。

基于架构合理性的视角

软件的应用架构设计，不是随意任性的系统和模块组合，而是有着规范的设计方法论与合理性逻辑，这些规范和逻辑都是为了避免因为应用架构设计不合理而造成的业务问题。为了满足应用架构合理性的要求，很多时候需要将软件抽象并下沉一层。企业软件系统的建设很容易出现两个问题，一个叫作烟囱应用，一个叫作数据孤岛。企业内部的软件系统大多是为了某个独立的业务部门而设计研发的。这些系统设计的初衷是支持业务部门的独立运作，而企业内部跨部门的业务流程和数据传递无处不在，如果业务系统没有做好架构设计，那么系统之间就无法通信交流，业务流程就会被割裂，每一个应用系统就像一根根烟囱，互无联系，这就是烟囱应用。

烟囱应用会造成部门墙，企业的业务无法顺畅流转运作。因为烟囱应用的存在，每个应用系统产生的数据会更加孤立，系统之间的数据没有关联，没有打通，就像一座座孤岛，彼此独立，数据的价值被严重弱化，如此下去会造成严重的业务问题。

通过主数据设计思路可以很好地解决数据孤岛问题。这种针对企业核心、相对稳定不容易变化、被充分共享的数据，叫作主数据（Master Data Management，MDM）。企业内 HR 领域常见的主数据包括员工主数据、组织主数据、岗位主数据等。通过主数据的设计思路，可以很好地解决烟囱应用和数据孤岛问题，尤其是数据孤岛问题。主数据作为一种基础服务，正是一种中台化的治理理念。

对于企业来讲，有时候看似正确的架构并不一定是合理的选择，理想化的架构设计可能反而会拖慢业务节奏，这是架构设计中经常面临的问题。可见，设计了正确的中台产品，保证了架构的合理性，在某些情况下反而会影响业务的快速发展。有些时候，所谓的中台化改造只是为了保障技术架构的合理性，忽视了对业务发展的支持。

架构设计的核心目标是支持业务发展，因此，在进行系统架构设计的过程中，产品设计人员、架构师、产品研发负责人必须谨慎思考，对业务、市场、系统、代码、架构、人员、团队等各方面进行综合判断，做出决策，避免架构设计纸上谈兵，造成理想与现实的脱节，避免好心推动架构优化，却造成公司和业务发展受损。

基于业务统一管理的视角

企业发展到一定阶段后，往往会出现提升总部管控力度的集中化管理诉求。对之前各自独立的子公司、事业部，在某些方面实现集中化的管理控制，一方面可以加强集团管控能力，另一方面也是业务协同经营的需要。集中管控的核心是力出一孔，但这个方式也容易造成管得过死，导致一线业务单元失去灵活响应市场的能力。因此，需要在企业内部管理系统上做到核心业务逻辑整合统一，个性化业务逻辑灵活多变，两者间有机结合。如果想实现这类业务诉求，就必须通过对核心业务逻辑的下沉和抽象，来实现中台的集中化管控。

某集团公司旗下有非常多的投资公司，初期都是以财务投资为主，各个公司保持独立经营，人事系统基本都是自己采购，互无交集。但是随着经营业务的发展，集团总部渐渐从财务投资转向对子公司的管控，旗下公司用人成本多少，人事管理效率如何，集团总部都需要了解，并对这些情况进行管理干预。人力资源管理软件产品的中台化建设是实现这个目标的有效途径。

集团决定先从关键人员绩效开始，建立统一的关键人员管理系统，这样就可以通过统一的视图看到旗下每个公司的关键人才能力，通过统一的模块进行人才发展、人才盘点、制订激励方案等，从而达到管控的目的。集团关键人员管理系统正是中台设计思路的实践应用。集中化的业务管理诉求必须通过软件的抽象和架构设计来实现，这也是中台建设模式的特点。

但是业务集中管控的策略总是滞后的，这是因为在企业业务规模较小的时期，各个业务线独立运作，相安无事，即便有一些小问题，也是可以容忍的或无关紧要的。当企业规模增长到一定程度，业务线之间的管理问题会越来越突出，协同问题也会越来越明显，此时就有必要进行集中化的管理和控制。

滞后的业务管理决策会给系统建设带来较大的挑战，因为各个业务线、事业部、子公司的系统已经发展得非常成熟，此时，调整系统的架构、改变系统和业务的逻辑、置入新的外部逻辑不是一件容易的事情。设计人员要对这个挑战有清晰的认知。

即便业务上已经有明确的诉求，公司决定进行架构调整，实现集中管控，项目的推进依然会阻力重重，因为这种调整首先会打破原有的利益格局，也会造成工作习惯的巨大改变。这类集中管控的项目如果想成功落地，必须有集团层面的高管牵头挂帅，管理团队必须有统一的认识，采取强有力的项目管理手段，才能保证在项目执行过程中化解困难。

对于业务中台，我们可以从基于抽象复用的视角、基于架构合理性的视角、基于业务统一管理的视角提出能力要求。每种视角都有自己的优点及可能遇到的问题，任何系统的中台建设都可以从这三个视角出发。

HR 技术中台能力要求

下一代人力资源管理信息系统的技术特征

有趋势表明，微服务和轻应用将是下一代 HRIT 系统的主要特征之一。微服务是指细粒度的、轻量级的、松耦合的、可独立构建部署和运维的服务，微服务架构是当前互联网业界的一个技术热点，它的特点也更符合 HR 业务系统的设计目标，能够体现出根据业务模块划分服务种类，每个服务可以独立部署并且互相隔离，通过轻量的 API 调用服务。微服务能够使开发效率更高，沟通成本更低，响应速度更快，迭代周期更短。轻应用则是面向用户侧，做到无须下载、即搜即用，这在当下可以有效解决优质应用和服务与移动用户需求对接的问题，实现 HR 业务系统所强调的用户体验和智能个性推荐。

微服务和轻应用的概念和做法应用到 HRIT 系统中，体现出来的一个重要价值是，HR 只需要找到针对用户的一个相对闭环的应用场景，就可以建立一个应用产品，提供给用户使用。这种建设方式周期很短，升级迭代也非常敏捷，完全以用户为中心。

当然，想要实现这样敏捷高效的建设模式，除了需要对小闭环应用场景进行精致提炼之外，还需要中台化可复用的能力中心资源，以及业务逻辑和技术架构的基础保障。随着前端轻应用系统越来越多，与用户高度相关的行为数据和过程数据也会越来越多，这些数据通过中台能力进行有效处理，不但可以创新更多的智能化应用，还能促进前端轻应用在用户体验上的进一步优化。

实际上，新的 HRIT 系统的建设需要 HR 和系统开发工程师共同具备一些新的能力。第一项能力就是 HR 业务中台抽象与领域建模能力，懂得如何抽象和建设业务中台与技术中台；第二项能力是 HR 产品的需求分析与系统架构的方案设计能力，能够洞察不同企业不同业务的特点，进行需求分析和产品设计，能在设计过程中关注到对企业各方面的系统性影响和架构配套；第三项能力是组件思维与敏捷开发能力，实现快速开发，以应对用户不断升级的需求。

下面对这三项能力进行具体解读。

HR 业务中台抽象与领域建模能力

通过对 HR 业务进行中台抽象与建模，HR 产品经理以及研发工程师可以让复杂的 HR 业务逻辑变得非常明确，能根据用户视角清晰划分各个业务单元的边界，方便后续的标准化业务组件提取工作。

HR 业务中台抽象工作并不容易，会遇到不少挑战，主要体现在 HR 的业务思维与 HR 系统建设的研发思维之间的碰撞，以及多变的应用环境与稳健系统间的平衡。

通过多年发展沉淀，HR 各职能模块和业务领域已有非常完善的流程逻辑和组合关系，想要基于中台架构重新抽象和提取新的业务组件进行建模，HR 产品经理和研发工程师无论在思维方式还是做事方法上都将面临巨大的转变。

以前，HR 的系统流程最核心的目标就是达成 HR 某个业务目标，只要快速高效地解决当下的业务问题就行。至于其中某些系统功能在将来是否适用于别的场景或者解决别的问题，没那么重要。

但是，对于中台不能如此。中台需要 HR 产品经理和研发工程师思考更多的问题：现在设计的这个功能是否可以组件化？这个组件现在或者将来能满足多少业务场景？如果将来有新的业务出现，是不是能够复用？这个功能有没有可能适配未来 SaaS 化服务模式？这些是中台部门需要思考的问题。由此可见思维方式的差异。

除了思维方式的差异和碰撞，应用侧的灵活多变与中台侧的稳定长效二者之间也存在差异和碰撞。以前 HR 的开发工程师在响应 HR 的业务需求时是相对轻松的，只要识别需求本身的逻辑就可以完成交付。但是，业务中台抽象要求 HR 产品经理和开发工程师不能只看到单一维度的 HR 业务需求，还需要识别这类业务的核心特征和可复用特性，有可能还需要反向推动对需求本身的重新定义。

这对 HR 产品经理和开发工程师提出了非常高的能力期望，一方面，需要极强的逻辑思维和战略分析能力，能够看到业务当中的关键流程，理解业务接下来的发展方向，并将其转化为组件化的业务模型；另一方面，又需要极强的沟通和交流能力，能够跳出单一需求主体，联合不同的 HR 业务模块，把需求和想法各不相同却相关的各方拉在一起，推动完成相关业务的抽象建模。

好的业务抽象能够抽取业务共性，这不但需要对业务有深刻理解，还需要具有实现业务抽象工作的方法论，简单来说，就是要提炼核心业务模型，识别核心模块和实体，对模块进行不断的穿透拆解，完成对共性模块的抽象和固化。目前业界的普遍做法是将HR技术中台以微服务[①]治理为主干，采用领域驱动设计方法来进行系统建模，划分出微服务的领域模块。

领域驱动设计（Domain Driven Design，DDD）的概念是2004年由埃里克·埃文斯（Eric Evans）在其著作《领域驱动设计》中提出的，此书对领域驱动做了开创性的理论阐述。遗憾的是，在国外软件圈享有盛誉并行之有效的设计方法学，国内很少运用到项目实践中。直到行业内吹起微服务的热风，人们似乎才重新发现领域驱动设计的价值。

表面上看确实是因为微服务的概念而让领域驱动设计火爆起来，但实际上领域驱动设计是一个开放的设计方法体系。领域驱动设计有着完整的模型驱动的软件设计方法，可以用于简化软件项目的复杂度，它能带给产品经理和开发工程师从业务思考到产品设计的规范指引，使产品经理和开发工程师的设计思路更加清晰，设计过程更加规范。同时，领域驱动设计也是一种思维方式和概念，可以应用在处理复杂业务的软件项目中，加快项目的交付速度。另外，领域驱动设计也是一组提炼出来的原则和方法论，它可以帮助开发者从用户体验的视角来开发软件，促进开发者对架构与模型的精心打磨，尤其是通过处理系统架构的演进设计，提高团队成员面向对象的设计能力。

① 微服务是一种软件开发技术——面向服务的结构（SOA）架构模式的一种变体，将应用程序构造为一组松散耦合的服务。

领域驱动设计与微服务架构天生匹配，无论是在新项目中设计微服务架构，还是将系统从单体架构发展为微服务设计，都可以遵循领域驱动设计的架构原则。

领域驱动设计的核心是建立正确的领域模型。领域模型反映了领域内用户业务需求的本质，它是有边界的，反映了在某个业务领域内业务的实体概念（如货物、书本、应聘记录、地址等）和过程概念（如资金转账等）的逻辑关系，和任何技术实现无关。领域模型确保软件的业务逻辑都在一个模型中，有助于提高软件的可维护性及软件复用性。

领域模型是整个软件的核心，是软件中最有价值和最具竞争力的部分。领域模型贯穿软件分析、设计以及开发的整个过程，它能够帮助开发人员相对平滑地将领域知识转化为软件构造。要建立正确的领域模型并不简单，需要领域专家、设计人员、开发人员积极沟通、共同努力，使大家对领域的认识不断深入，从而不断细化和完善领域模型。

HR 产品的需求分析与系统架构的方案设计能力

需求分析是 HR 产品经理和开发工程师经过深入细致的用户调研，准确理解项目的具体要求，将用户基于场景问题的具体需求转化为完整的需求定义，从而确定系统必须做什么的过程。很多时候，我们眼睛看到的可能只是表象，真正的问题在更深层的流程机制和管理理念上，这就需要我们具有洞察问题本质的能力。只有找到问题的本质，才能够客观清晰地分析出解决问题的逻辑。

需求分析是HR推动系统应用研发的第一步，从用户提出的需求出发，挖掘用户需求背后的需求，以此定义产品。这也是软件生存周期中的一个重要环节，这个阶段是分析系统在功能上需要“实现什么”，而不是考虑“如何去实现”。需求分析的目标是把用户对开发软件提出的要求或需求进行分析与整理，确认后形成描述完整、清晰与规范的文档，确定软件需要实现哪些功能，完成哪些工作。

在这个过程中，我们不能简单地看用户需求，而应该去挖掘用户产生这个需求时真实的驱动因素，也就是用户动机，通过对用户动机的不断理清，来判断是伪需求还是真需求。如果只是看需求和产品本身，很难看出产品设计背后的逻辑，应当把设计的产品放到场景里去，放到人和产品的交互中去，这样就可以更好地看出产品设计的奥妙。

在筛选需求的时候，除了需要挖掘用户动机寻找真实需求，还需要考虑该用户是否为目标用户，如果不是产品针对的目标用户，其建议或需求的参考价值就没那么大。一款好的产品是可以让用户眼前一亮的产品，是可以让用户尖叫的产品。需求分析是一个剥洋葱的过程，力求去芜存菁、直达本质。评估团队常用的技巧是用一句话描述整个业务，随着对需求了解的深入，不断修正对业务的描述，直到无法再改动一个字。

举个例子，在腾讯，HR 产品团队把 360 度领导力评估、周边反馈这类业务形态称为“集团式调查”，并尝试对它下一个定义：

在统一的测评模型框架内，以组织单元为蓝本对人员进行分组和管理授权，组织可继承上级组织的设置并加以有限的个性化。以过程管理为业务运营支撑，以调查问卷为载体，用指定的统计分析算法搜集和分析信息，得出特定调查对象的调查结果，以及不同维度的分析和报告。

上面的定义就是对需求进行最大限度精简后得到的，是集团式调查的内核，系统从这颗种子开始，不断开枝散叶，成长为参天大树。尽早定义系统不可或缺的关键元素，作为领域专用术语，后续使用这些专业术语来简化沟通。这些关键词在后期前后端开发、数据库等命名中可以作为统一的业务语言，在消除歧义的同时降低沟通成本。

如果说需求分析是定义核心业务场景，那么 HR 系统架构方案设计就是明确基于用户视角的 HR 业务场景的核心逻辑，通过对业务逻辑与系统功能进行有序组合，解决用户应对发展而产生的问题，满足用户的需求，同时可以快速扩展适配未来各种不确定性的需要。HR 系统架构方案设计首先会围绕关键用户构建起核心业务模型，在此基础上，不断丰富用于支持核心模块所需的内容，最后形成整体解决方案。

未来 HR 系统或产品的技术架构方案设计，要么承载着管理意图，要么体现着用户意图。因此，HR 技术架构方案首先要从顶层设计出发，对不同的意图进行解耦。管理意图的实现，要通过流程化、系统化、逻辑化、自动化的系统建模，让系统高效运作。同样，用户意图的实现，要站在用户的角度，思考用户面临的问题，将解决问题的思路产品化，激发用户自主自驱使用产品。从顶层设计去推动前端解耦，并在中台侧把解耦的场景有机结合在一起，同时利用智能技术，高效推动各场景之间的组合，这是 HR 系统架构方案设计的核心纲领。

系统架构设计方案应该包括子系统、模块、组件，以及它们之间的协作关系和约束规范，通过明确的指导原则保障顶层设计和方案实现的一致性。同时，可以基于产品全生命周期框架来考虑系统架构设计方案的完整性，不但将设计、开发、测试、上线、运维、升级等都考虑进来，还能对一些非功能性需求，如性能、稳定性、扩容、故障转移、历史数据兼容和迁移、用户行为的埋点采集做出设计。

组件思维与敏捷开发能力

HR 系统被公认为具有管理属性，并能实现管理意图，因为它能规范管理流程、提升管理效率。然而，HR 系统最终要通过员工使用才能体现价值。技术中台需要有能力应对管理意图以及不断变化的用户需求，也需要有能力同时支撑不同层次用户对系统工具的核心诉求。技术中台需要承担的使命是应对业务快速变化，实现软件敏捷开发，迅速将产品推向用户。

HR 的产品经理和软件工程师通过采用微服务架构，对 HR 业务逻辑不断抽象，可以积累和沉淀很多技术组件，做好快速应对业务变化的开发准备。一般来说，微服务架构会有以下几类关键技术领域的组件，如 API 网关、前端开发框架、微服务开发框架、微服务治理组件、分布式数据库以及分布式架构下诸如复制、同步等数据处理相关的关键技术组件。

微服务架构一般采用前后端分离设计，前端页面逻辑和后端微服务业务逻辑独立开发、独立部署，通过网关实现前后端集成。前台应用接入微服务架构的技术组件一般是 API 网关。API 网关主要包括鉴权、降级限流、流量分析、负载均衡、服务路由和访问日志等功能。API 网关可以帮助用户方便地管理微服务 API 接口，实现安全的前后端分离，实现高效的系统集成和精细的服务监控。

开发框架主要包括前端开发框架和后端微服务开发框架。基于前后端开发框架，分别完成前端页面逻辑和后端业务逻辑的开发。前端开发框架主要是面向PC端或者移动端应用，用于构建系统表示层，规范前后端交互，降低前端开发成本。微服务开发框架用于构建企业级微服务应用，一般具备自动化配置、快速开发、方便调试及部署等特性，提供微服务注册、发现、通信、容错和监控等服务，帮助开发人员快速构建产品级的微服务应用。开发框架一般都支持代码自动生成、本地调试等功能。

微服务治理是在微服务的运行过程中，针对微服务的运行状况采取的动态治理策略，如服务注册、发现、限流、熔断和降级等，以保障微服务持续稳定运行。微服务治理技术组件一般包括服务注册、服务发现、服务通信、配置中心、服务熔断、容错和微服务监控等。

分布式数据库一般都具有较强的数据线性扩展能力，它们大多采用数据多副本机制实现数据库高可用，具有可扩展和低成本等技术优势。与HR业务特性比较匹配的分布式数据库一般包括三类：交易型分布式数据库、分析型分布式数据库和交易分析混合型分布式数据库。

交易型分布式数据库用于解决交易型业务的数据库计算能力，它支持数据分库、分片、数据多副本，具有高可用的特性，提供统一的运维界面，具备高性能的交易型业务数据处理能力。主要应用于具有跨区域部署和高可用需求，需支持高并发和高频访问的核心交易类业务场景。

分析型分布式数据库通过横向扩展能力和并行计算能力，提升数据整体计算能力和吞吐量，支持海量数据的分析。主要应用于大规模结构化数据的统计分析、高性能交互式分析等场景，如数据仓库、数据集市等。

交易分析混合型分布式数据库通过资源隔离、分时和数据多副本等技术手段，基于不同的数据存储、访问性能和容量等需求，使用不同的存储介质和分布式计算引擎，同时满足业务交易和分析需求。主要应用于数据规模大和访问并发量大，不仅需要解决交易型数据同步到分析型数据库时成本高和数据库入口统一的问题，还要能支持数据处理业务中高可用和高扩展性等场景诉求。

技术中台是业务中台建设的关键技术基础。在中台建设过程中，可以根据业务需要不断更新和吸纳新的技术组件，也可以考虑将一些不具有明显业务含义的通用组件（如身份认证等），通过抽象和标准化设计后纳入技术中台统一管理。为了保证中台的高性能和稳定性，在技术组件选型时要尽可能选用成熟的技术组件。

腾讯 SDC 打造“HR 双引擎云中台”

随着腾讯业务的快速发展，公司业态越来越丰富。腾讯的不同业务部门以及生态子公司的人力资源管理需求场景日趋多样和复杂，业态的复杂化对于公司 HR 的专业能力和价值产出提出了更高的要求。腾讯是一家非常强调用户体验、崇尚员工自驱的企业，这更是要求公司的 HR 具有产品思维和市场化意识。让公司各业务单元、员工群体乃至生态企业，都能获得 HR 量身定制的专业服务，获得优质的服务体验，是腾讯 HR 的使命。

腾讯以用户为中心，体现在 HR 的系统产品上，首要的就是快速响应员工诉求。腾讯 HR 助手和 PC 端 HR 门户是员工最常用的线上服务渠道。

随着腾讯 HR 整体业务的发展以及员工使用诉求的积累变化，用户更加需要因“我”而异的专属门户；随着海外业务的开拓，海外员工也需要面向他们的专属门户。通过一套门户中台满足员工差异化的需求，是腾讯 SDC 设计出的门户助手解决方案。用户侧看到的门户助手功能包括管理工作台、鹅厂日历、政策指引、场景攻略、全景导航等。在中台侧，则建立了统一门户整体 UI 设计标准和公共后台，支持 HR 功能和内容的多终端、海内外复用，可以实现消息推送、产品上下架、H5 制作线上化。

从这个例子能看出，以中台思维构建的门户助手解决方案实现了门户统一公共底座，打造出门户产品“大中台 + 小前台”的产品技术架构体系，这可以实现各类门户产品的底层架构统一，并能支持门户业务的后续拓展。

中台的建设根本上是为了提升企业内部运作体系对前端业务的响应速度，提供一个中间层来适配前端与后台。未来，组织越来越复杂，用户群体越来越多样，用户诉求越来越多，腾讯 HR 体系必须不断进行管理模式的升级。“1+N”的概念被反复提及，“1+N”是指腾讯 HR 在统一纲领的引导下，适配腾讯 N 个多元业务布局的配套策略。这个管理模式需要 HR 三支柱形成有效合力来实现。从腾讯 HR 三支柱体系中的 SDC 实践来看，SDC 在腾讯 HR 三支柱体系中扮演的是搭平台、保运营的角色，利用科技手段和解决方案创新，推动员工自主驱动，提升组织效能，让工具、数据、系统、信息能够基于“1+N”策略实现“1”和“N”的有效结合，是这个任务的一个重点。这个重点考验我们是否具备强有力的平台能力，因为只有依托强大的 HR 中台能力，才能实现“1”与“N”的加乘效应。

其实，腾讯 HR 中台的探索和建设工作在 2017 年就已开始。当时腾讯 HRSDC 提出了 HR 中台的概念，目的是更快更好地响应需求，提升开发效率，助力服务升级。随着 HR 中台的不断发展和完善，腾讯 HRSDC 总结出必须依靠四种能力承载起中台使命。

这四种能力的组合叫作“HR 双引擎云中台”，如图 6-1 所示。

一是 HR 智能协同能力，就是把 HR 相关的管理场景通过自动化方式有机集成，实现弱流程强协同，促进组织效能提升。

二是 HR 组件服务能力，包括能供前端团队快速调用的技术组件、服务组件以及技术服务相结合的方案组件。腾讯 HR SDC 通过对 HR 交付业务解耦，抽象出多种组件服务能力，当有新的交付业务类型或需求时，HR SDC 可以通过不同组件服务能力的快速组合，像拼积木一样拼装起新的交付业务。

三是 HR 规则保障能力，它体现的是 HR 在技术数据权限的核心业务基础领域、卓越运营管理领域、安全防控领域的规则保障。规则保障的核心是通过机制和制度的建设，让 HR 技术架构、交付体系及运营体系实现长效可持续，并确保运营效率和安全质量。

四是 HR 平台集成能力，体现的是能支持集团化多组织形态的不同需要，以及与企业外部的生态机构有效连接和协同的能力。

只有建成强大的双引擎中台能力，才能支撑管理驱动和自主驱动的特殊需要，同时还能将管理驱动与自主驱动进行充分打通和整合，形成一个非常强大的平台化基座。腾讯能够建成双引擎驱动的云中台，也依赖于腾讯在云以及多样化效率协同办公工具领域有天生的基础能力，可以依托腾讯云、企业微信、企点、微信的原生能力，通过原生能力的组合搭配和协同，为 HR 双引擎云中台的价值实现保驾护航。

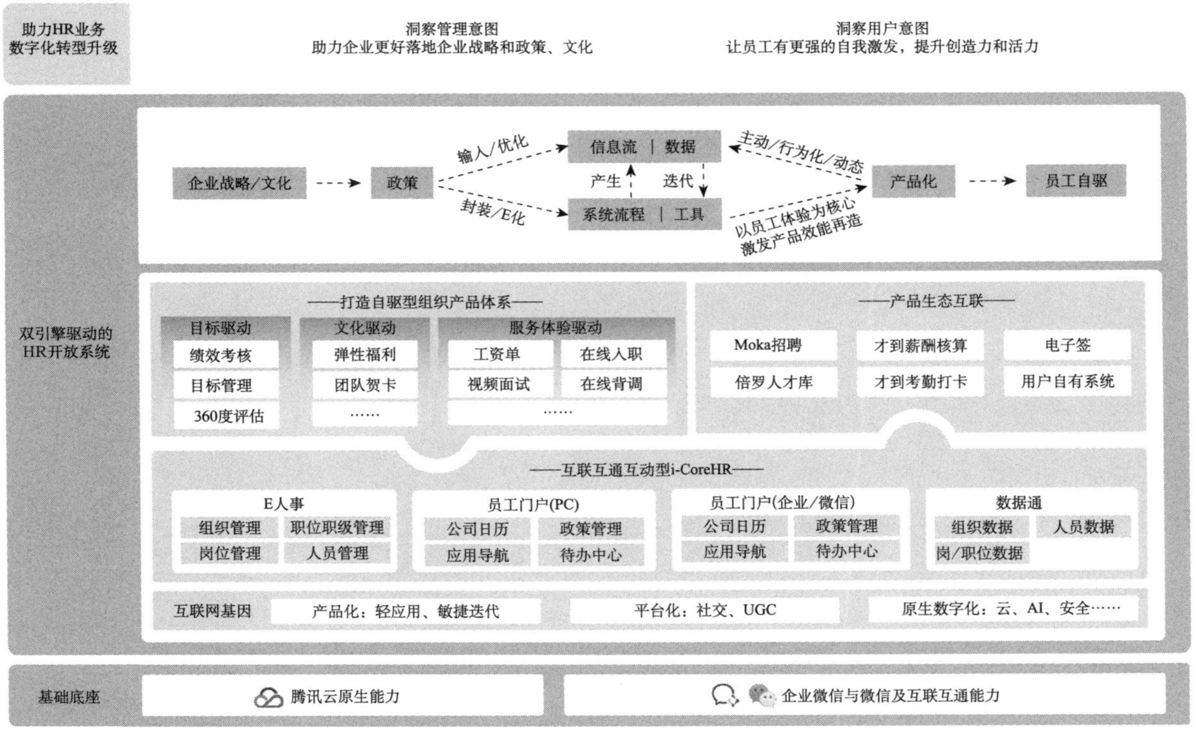

图 6-1 腾讯 HR 双引擎驱动系统模型

07

第七章

智能协同：提高 HR 数字化效能体验

HR DIGITALIZATION MODE

近些年，各行业利润率普遍下滑，其中人工成本的增长是一个重要的影响因素。尽管员工成本在增长，员工的敬业度、满意度却在下滑。当然，这样的普遍现象在同一行业内的不同企业间有很大的差异。2019 年腾讯 HR 团队联合全球领先的 HR 咨询公司怡安发起了针对新一代数字化 HR 探索的调研活动，其中有对不同行业企业现状的摸底分析，调研了同一行业处于 25 百分位点和 75 百分位点的企业。调研结果显示，在同一个行业里，好的企业无论在反映企业盈利能力的毛利率、每单位薪酬成本所得营收，还是在员工人均薪酬和员工敬业度上，都表现出很好的水平，但是不太好的企业在企业盈利能力以及员工对企业的评价上都不太好。

企业之间数据差异巨大的根本原因是企业内部组织效能的巨大差异，这对新时期中国企业以及人力资源管理提出了挑战。在当前背景下，组织效能的提升在未来很长的一段时间内都会是 HR 的核心关注点。对于 HR 来讲，组织效能的提升是极其重要的，培养 HR 智能协同新意识，充分利用数字化手段和工具来推动组织效能提升，是 HR 为企业创造的重要价值。

企业效能提升的大尴尬

现代企业的管理困境是一管就死、一放就乱

“如果用治病来打比方的话，高效管理应是药到病除；与之相反，无效管理就是没有疗效。”[①] 如果管理者对部门内的主要问题认识不清醒、判断不准确，或者资源调配不到位，工作方式不得当，就会导致无效管理。在管理无效时，管理者会不自觉地加大管理资源的投入，造成过度管理，这种过度管理对行为分寸拿捏不准，其结果将适得其反，尤其是一些管理者特别关注的领域，更容易出现这样的问题。这种问题不断堆积，就形成了官僚主义、形式主义等大企业病。管理者没有在管理职能方面搭建起有效体系，自己独揽大权说一不二，当本组织所处环境发生巨大变化，他就容易忽视自己没有关注的真空地带。这种“没人管”的现象使部门一些核心管理职能处于缺失状态，对企业经营产生不利影响。

一管就死、一放就乱会直接导致企业或部门的管理职能逐渐弱化，组织效能不断降低，员工敬业度和满意度也会每况愈

① 刘雪飞 . 摆脱负向管理 . 企业家信息，2018（4）.

下。当然，由于具体管理实践常常无法引入精确的数据概念，一些管理行为具有很大的弹性，无效管理不易及时辨识出来。其实任何管理行为都必须以实现组织的使命为中心，与组织在一定时期的战略策略相匹配。组织内部各种职能是一种有机组合，既要突出重点，又要兼顾全面；此时的首要职能，到彼时则变成了次要职能。因此，管理者必须审时度势、统筹兼顾。

聚焦企业成功的内部驱动要素

人力资源管理在工业经济时代，研究的是标准，管理的是群体行为，并有对应的理念和方法论供企业制定规范和制度。但是当下，研究个性、管理人心成为企业公认的主旋律，这样的意识却很难找到对应的理念和方法论来作为参考。在工业经济时代，企业做大就是成功，但现在的企业面临着极端复杂和多元的环境，小组织可能获得巨大成功，大企业也可能一夜倒下。以前在企业内部，人是被动的，组织是主动的，人要从属于组织，而现在越来越多的组织要适应人。可见，用过去的经验来管理当下的企业越来越行不通。

人力资源管理需要进行一些调整。这不仅仅体现在意识上，也表现在行为上。其实，很多企业已经开始尝试一些应对变化的举措，尝试找到企业成功的新的驱动要素，因为这些企业发现，技术的发展为灵活的小团队提供了具有强大支撑作用的平台，公司可以基于业务发展和客户的需要，以项目制的方式组建团队，并授权团队完成相应的任务。当前互联网企业在运作过程中，“项目式、小团队”的特征尤为明显，如阿里巴巴的“大中台、小前台”、腾讯的FT（Feature Team，特征团队）、韩都衣舍的小组制，以及蜂巢式组织、阿米巴组织、倒三角组织、合弄制组织、裂变式组织等等。张瑞敏在海尔内部倡导新的组织管理理念：“企业无边界，管理无领导，供应链无尺度，员工自主经营。”这一切都是为了让个体和组织在组合的时候符合互联网的组织管理要求。这样的案例还有很多，如华为倡导让听得见炮声的人做决策；小米科技提出合伙人组织、扁平化管理、去KPI化，提倡员工自主责任驱动；美的集团2015年在家电行业率先推出合伙人制，帮助美的具备扁平、高效、精简的“小公司”的特质，奋斗、敬业与超强执行力的“创业公司”的特质，以及开放、进取、有激情、有事业冲动的“新公司”的特质。

事实上，企业更像是由不同类型、不同规模、不同业务方向的各种小团队构成的组织，各个小团队以项目为导向，团队成员之间通过高效协作，致力于完成共同的目标。待项目结束后团队随之解散，人员流动至新的项目中。团队的项目运行往往依靠“大平台”的支撑，一方面，小团队需要从平台端获取项目所需的产品技术资源和大数据决策支持，实现灵活、精确的对接，及时满足用户的需要、直击用户的痛点；另一方面，“大平台”有效聚集了小团队的共享资源，保证沟通的直接顺畅，减少信息的不对称性，在提升效率的同时，激发员工个体的工作积极性，企业内部逐渐形成有序的管理机制。

这样的管理机制是企业成功的新要素，即通过对组织和人的激发，推动企业内驱力的构建。

以用户为中心的流程重构

当今世界信息大爆炸、移动互联网无孔不入及 AI 越来越普及，导致发展节奏非常快、竞争白热化、机会与信息越来越透明的趋势，这就促使企业之间最核心的竞争演变为各企业的组织效能竞争。单纯依赖传统流程管控的思维，已无法激发企业内部更大的组织效能，企业必须重视员工个体价值的释放，通过内部组织与员工之间的有效协同，提升组织自身驱动力，实现组织效能的再次飞跃。

流程驱动效率的时代变迁

传统意义上，所有企业的运作都是以流程为基础，企业里的所有业务都需要流程做驱动，就类似人的血脉一样，流程就是把信息数据在一定条件下从一个人或者部门运送到其他的人员或部门，在得到对应结果后再次返回给相关的人或部门。企业的不同部门、不同客户、不同人员以及不同供应商，都是要靠流程来完成协同运作，在流转过程中，流程可能会带上对应的数据，如果流转的过程不顺，就会导致企业的运作不顺。企业能否保持高速发展，一定程度上取决于企业有没有一套完善的业务流程管理系统，保证企业内部及企业间业务的高效运转，降低并防范企业的运营风险。

流程与企业相伴而生，其复杂度也随企业的发展而逐渐增长。虽然每个企业都有针对各自业务和事件的具体流程，但管理的细化和规范化必然会对流程的执行与反馈产生影响，加之企业内部各部门往往各自为政，拥有自己独立的办公协作平台或是相关的沟通交流工具，使得企业规模越大，沟通协作成本越高，尤其是跨部门、跨组织的合作。这种情况下，流程不仅无法成为企业可持续发展的保障，反而会成为企业效能大幅下降、无法迅速响应市场环境变化的罪魁祸首。另外，新技术的发展，大数据时代的到来，以及企业对内部组织和人的诉求的激发，也对企业流程管理提出了更高的要求。

过往流程体系建设的思路是从战略出发设计出顶层的流程架构，形成端到端的层级化流程体系，再对流程绩效的指标进行设计，把企业级流程管理的平台建立起来，并把流程和企业战略目标结合起来，进一步和 IT 系统有效地关联起来，在具体流程执行过程中，加强对员工的培训和规范约束，不断完善岗位描述，推动流程强制化执行，如果子流程没有执行完，就不能启动下一级流程，最后当组织发生变化时，查看关联流程之间以及承前启后的关系，快速嵌套一个新的流程来适应组织的变化。不难看出，如果继续采用传统流程体系建设的思路来应对当前企业所面临的环境挑战和发展趋势，将很难解决企业效能提升的困境。

以用户为导向的效率协同

当下越来越多的企业把以用户为中心作为自己的使命和价值观，但过往流程体系建设的思路却很难以用户为导向。因为这种使命和价值观很难在企业战略设计中体现，以优异的用户体验作为战略目标的企业，在生存上会首先受到挑战。如果用户体验不是战略目标之一，那么绩效考核机制和相应的激励政策也会和用户体验无关，这样的导向在流程设计中体现出来的特征就是不会过多考虑用户体验，这也将直接导致员工在执行流程过程中，从态度和行为上完全忽视用户体验。

华为是公认的典型的流程驱动型组织，而腾讯是公认的典型的不谈流程的组织，但仔细分析这两家公司内部组织运作方式，可以发现它们在倡导一种相似的逻辑。比如流程主义的华为非常强调员工的重要性，而以员工为中心的腾讯也一直在推动组织更加体系化和效能化。不难发现，表面上极端的两个企业，在组织内部都在倡导多元的驱动要素和驱动引擎。华为与腾讯内部管理理念的这种相似性促使我们思考，企业发展的内在引擎核心都是寻找新的驱动力，这种新的驱动力，应该是管理驱动与员工的自主驱动的融合。流程只是推动新的驱动力产生的一个工具，企业不应该对流程有太高的期望值和依赖性，而应该利用各种手段，让内部组织有效协同，让用户充分感受到企业内部效能在自己身上的价值体现。

企业内部业务流程的效能提升，通常可以通过很多数据指标让用户直接感受到，而企业内部管理流程由于牵涉到不同要素，较难让用户直接感受到效能提升。通过一些产品化、工具化的方法来推动管理流程效能显性化，是提升企业内部效能比较有效的手段。目前市面上很多效率协同工具，从单品的角度看，功能都非常不错，但是在协同办公改善组织能力上，价值感体现得还不够明显。目前效率协同工具的构建，还只是从工具的角度出发做设计，缺少从组织管理和企业内驱力构建的角度进行的产品设计。有些效率协同工具做到了自上而下的强流程管理驱动，但缺乏推动自下而上的员工自我驱动。站在组织管理的角度，理想的效率协同工具应该是组织能力的全面体现，工具需要既考虑流程执行，又能激发员工，一方面推动自上而下的组织管理效能的提升，另一方面提升员工自我驱动能力，推动自下而上的创新。

优质人才价值的挖掘越来越重要

华为在《人力资源管理纲要 2.0》的公开讨论稿中，提出了人才新帕累托曲线，认为人才效率从正态分布走向帕累托曲线。帕累托曲线，又称二八定律，是意大利经济学家帕累托提出的。他认为，在任何一组事物中，最重要的只占其中一小部分，约 20%，其余 80% 都是次要的。比如说，给一个公司带来 80% 利润的是 20% 的客户。按照这个原则，如果能把这 20% 的客户找出来，提供更好的服务，对于公司的发展和业绩的增长无疑有很大的帮助。帕累托法则之所以得到业界推崇，就在于其提倡的“有所为，有所不为”的理念，在企业经营过程中，首先弄清楚企业中的 20% 到底是哪些，从而将自己的注意力集中到这 20% 的重点经营要务上来，采取有效的倾斜性措施，确保重点方面取得重点突破，进而带动全局，取得企业效能整体进步。

基于新帕累托曲线，华为提出要对外加强全球新技术优才的获取，对内实施队伍结构调整，“不换脑就换人”和差异化考核，激励超优和创新人才，构建激发人才创新的机制和氛围。天才少年年薪百万，就是华为人才新帕累托曲线观点的一次实践。

随着时代发展，人才争夺战越发白热化。一方面是企业对高端人才需求旺盛，另一方面是高端人才供给短缺。除了华为，国内还有很多企业对天才少年开出了上不封顶的百万年薪计划，并且配套制订了针对性的培养方案。比如，阿里巴巴的星计划就全面覆盖了本科生到博士生。无论是本科生还是博士生，都有机会被星计划选中，由 CTO 直接面试，并送往国外工作半年。百度的少帅计划更是明确面向机器学习和深度学习的部门，员工工作一年后，可到硅谷或常春藤名校访问至少半年，工作三年后就可以带领团队。腾讯有一项技术大咖计划，旨在吸引全球 TOP 100 计算机科学相关专业高校中的硕博毕业生，成功录用者还可以申请深圳的“孔雀计划”，不但可获得政府奖励补贴，还可以享受落户、子女入学、配偶就业、医疗保险等方面的待遇政策。

实际上，高端人才的争夺已不仅仅是国内企业之间的竞争，也是全世界优秀企业之间的竞争。人才领域是否真的出现新帕累托曲线，我们可以从普通员工和高绩效员工表现出的绩效差别中找寻答案。《合伙人》的作者费洛迪提到，在 20 世纪 90 年代，对于从事简单工作的人来说，一个明星员工的生产力比一个普通员工高 40%，这种分布呈钟形结构，也就是正态分布，标准差约为 20%。也就是说，大多数人接近平均值，只有极少数人的绩效大大高于或低于平均值。最新的研究也表明，佼佼者和平庸者之间的绩效有巨大的差异，迈克和艾伦在《哈佛商业评论》上发表了《明星成员打造明星团队》一文，文中提道：苹果公司顶级研发者的绩效是其他科技公司普通软件工程师的 9 倍；诺德斯特龙百货公司中最佳售货员的销售额至少是其他百货公司中普通售货员的 8 倍；一流的医疗诊所中最好的器官移植医生的手术成功率是普通医生的 6 倍。在知识经济时代，人才的价值更加凸显。优秀人才创造的价值远远高于普通员工，因此企业需要投入更大的精力寻找优质人才。

可以看出，随着社会文明的进步以及科技的发展，不但人的作用越来越重要，而且在组织内人与机器的协同模式也越来越多，机器人、认知计算和 AI 正在成为“增强劳动力”，人与人之间、人与机器之间联系的纽带也越来越复杂。单纯通过流程思维来推动企业内部的效能提升，已经无法应对新时代企业管理的需要。企业对外要以客户为中心，在内部要以员工为中心的理念越来越清晰，但在理念落地方面，还没有太多有效的手段和方法。

重塑组织行为提升员工自驱力

数字经济时代的信息透明化，使用户在需求与供给的博弈中逐步占据主导，用户的需求更个性化、更注重服务体验感，这就要求企业面对用户时更具创造力、更敏捷高效。企业能否快速、个性化地适应新需求？企业员工能否适应技术变革速度、具备持续学习能力？这都是摆在组织面前的挑战。如果企业能为员工提供更宽松的创造环境、更自主的创造过程、更激动人心的创造意义，让新技术创新和个体创造成为企业提升竞争力的新关键，相信这家企业必将在这个时代绽放光彩。企业认识到以往传统流程建设的思路是采用训教式规范，体现权力意志、自上而下的管理驱动，强调经验主义。而今，企业要推动内部管理效能的优化，更关注个体的激发，在管理动作中更多采用描述性规范，体现自由意志、自下而上的自主驱动，营造敏捷高效的创新环境，这需要人力资源管理者重新认识组织与人才管理的含义。

让员工有更强的主动性

几十年来，HR 从业者一直把工作职责梳理和岗位设计作为研究员工在组织中工作的起点。从工业经济时代的特征来看，工作职责梳理和岗位设计体现出来的是自上而下的管理逻辑，在数字经济时代，学者们开始研究员工自主性在工作中的作用。越来越多的研究表明，“工作重塑”方法可以成为激发员工深度参与工作职责设计的有力工具。它重新定义了员工的工作，融合了员工自身动机、优势和激情。工作重塑的概念于 2001 年提出，这个概念补充了传统的自上而下的工作设计观点，引导企业关注员工自主改变工作任务、积极推进关系建设以及自下而上设定目标的方式。工作重塑侧重于员工对自己的职务边界进行主动调整。工作重塑理论认为，如果有机会，员工会主动抓住机会去重塑自己的工作。

工作重塑就是一个让员工不断将组织交给自己的工作，与员工自身因动机、优势和激情而创建的任务不断结合的过程①，也可以理解为，员工从完全的被动适应组织各项要求和安排，开始主动调整和改变工作方式，在这个调整和改变的过程中，融入自己的动机和兴趣，让工作变得更加自主，这种自动自发的状态是促进员工的工作投入和良好绩效的有效前提。

当今社会技术和经济的迅速发展迫使组织及其员工不断地适应变化。组织可以使用干预措施来培养员工的工作重塑能力。此类干预将改善员工的工作意愿和工作方式，并因此可能对组织绩效产生积极影响。此外，这些干预措施可以帮助员工应对不断变化的工作环境。组织要认识到让工作环境充满挑战，同时有充足的资源保障，才能激发员工更大的自驱力和干劲。

---

① Van Wingerden J，Bakker A B，Derks D. The longitudinal impact of a job crafting intervention. European Journal of Work & Organizational Psychology, 2017, 26: 107-119.

那些持之以恒地致力于改变人们的生活方式，并不断进行发明创造的工商企业将受到人们特别的关注，并成为推动社会发展进步的贡献者和推动者，被载入史册。致力于为客户持续创造价值的企业，将尤其受到组织内部员工以及外部客户的拥护和欢迎，这也是企业获得竞争优势并最终成功的关键因素。华为从最初 2 万多元注册资金起家，用 30 多年时间成长为 18 万员工、年销售收入 6 000 亿元的国际大企业，其根基就是简单的一句话：以客户为中心，以奋斗者为本，长期坚持艰苦奋斗！这个理念在 1996 年的《华为基本法》中被正式提出，相信这就是华为成功的奥秘所在。

将“客户第一”放在经营理念首位，在全球范围的商业世界其实也不多见。2019 年，包括苹果、亚马逊、摩根大通、高盛等公司的首席执行官在美国商业圆桌会议（Business Roundtable）发表声明称，股东价值不再是第一要务，公司不仅要注重利润，也要注重社会责任。这个新的公司宗旨宣言把为客户创造价值、对员工进行投入、与供应商公平合理地交易、为社会提供支持作为首要的准则。

其实，在现代企业经营目标这个问题上，许多企业一直都信奉“股东至上”，认为企业的目标是股东利益最大化。该理念的核心论点是，股东是公司的所有者，公司的财产由他们投入的资本形成，他们承担了公司的经营风险，理所当然享有公司的控制权和收益权，故而公司的经营目标在于股东利益的最大化。

而在现实中，公司所有权与经营权的分离已经成为常态，不参与公司日常运营的短期投资者往往只着眼于短期利益，而企业尤其是大企业，要依靠长期战略的贯彻和实施才能实现自身的发展，这就意味着企业要把大多数资金用于投资，而不是以分红等形式给股东带来实实在在的收益，这对短期投资者来说显然是不利的。牺牲长期利益以追逐短期利益的行为，会对公司的长期发展造成极其负面的影响。

现代化的企业不再仅仅是一个商业实体，还同时体现出社会实体的特征。如果将企业单纯定义为商业实体，那企业一定会以资本的喜好为标准，把追求经济利益最大化作为目标，在经营理念上的表现就是“股东第一”；而将经济利益与社会责任紧密结合在一起，把创造社会价值也作为重要目标之一，将企业定位为社会实体，则企业在经营理念上的表现就是“客户第一”。这是一个简单的逻辑，简单是一种思想，简单也是一种力量。

腾讯在创立初期就定下了公司的使命：一切以用户价值为依归。腾讯创始人之一、前腾讯 CAO 陈一丹曾为腾讯人力资源管理团队赠送过一块牌匾，上面写着“用户为根，员工为本”。为客户创造价值、承担社会责任的重要性之所以在新经济时代凸显出来，其中一个重要原因就是，平台型企业的影响力早就不局限于经济领域而延伸至社会领域，其社会属性越来越突出。事实上，所有的企业文化，归根溯源，都离不开这一个中心、一个根本。

实现企业制度的有效落地

从组织来看，在当前社会，通过学者研究和借鉴学习标杆企业的实践，企业能够制定出优秀的管理制度。但是这些优秀的管理制度需要通过管理干部来实施。统计数据发现，员工往往对企业制度的满意度是很高的，而对实施制度的管理者的满足度不高。这也给管理者提出了一个挑战，如何让管理者具备一种能力和手段，把优秀的制度能够落到实处，让员工能真正感受到企业优秀管理制度带来的价值，而不是让员工从不良管理行为中误解企业的治理思路。这也让 HR 必须考虑如何优化管理手段，有效提升管理领导力。

企业管理制度通常是对某些特定行为进行允许或不允许的明确定义，并让员工感受到这个定义的强烈程度，来规范和约束员工的行为和决策。实际上，这种强制性的规范定义并不是企业管理制度可以采用的唯一方式，社会学、心理学以及政治经济学等很多学科都把这类强制性的规范定义与另外一类描述性的规范定义组合在一起使用。

描述性的规范定义指的是个体会通过观察大多数人参与某一特定行为的程度来做出关于自己行为的决策。如企业内倡导员工多运动，当某员工认为他周围的人参与体育运动很频繁的时候，该员工也会更积极地参与体育运动。当周围的人不但是他的同事，更是他的朋友的时候，这种影响作用尤其强。腾讯 HR 开发了一款产品，在员工群体中反响很好，这个产品叫“鹅厂运动”，员工可以任意组团相互 PK 每日步数，在每日步数排行榜上还能看到不同组织各位同事的步数，如果当天自己的步数积累超过 6 666 步，将有一次抽取 Q 米（腾讯内部福利币，1Q 米相当于 1 元人民币）红包的机会，抽取到的红包大概率是 0.2～1.8Q 米。这款产品每天的 UV（用户数）和 PV（访问量）在腾讯所有 HR 系统产品中排前三位，虽然大部分员工抽不到红包，但还是很乐意使用这个产品。据统计，这款产品发布前与发布后，腾讯员工每日步数平均提升了 60%，在一定程度上也促进了员工的运动热情，这个促进是可持续的，表现在这款产品已经发布超过 6 年，依然保持着高度活跃。

腾讯 HR 曾经遇到一个富有挑战性的难题。深圳出台了企业的住房公积金新政策，企业为员工缴纳住房公积金的比例是弹性的（大致 5%～14%），但是每个企业只能统一按一个比例缴纳。这个政策的出台让 HR 非常头疼，因为内部员工有不同的需求，单身员工不愿意缴纳，更愿意获得现金，已婚员工希望按最高的比例缴纳，既能享受到税收的优惠，未来也有机会提现，所以各自的利益诉求不同。

HR 经过内部讨论后，依然很难做决定，于是把这个政策在公司 BBS 做公开透明的介绍，表明公司愿意承担 14% 的总成本，具体缴纳比例要通过员工集体讨论、达成共识。一开始 HR 担心员工不专业，容易引起内部矛盾，但当信息充分公开，把选择权交给员工之后，HR 发现员工很快就把政策了解透彻，他们会花时间精力向身边不太关心这个政策的同事解释，这比公司 HR 直接做内部宣讲的效果更好。公司内部形成几派，通过各自的分析、据理力争，激烈讨论，最后公司通过投票方式定下一个具体的比例。

这是一个很有意思的 HR 决策过程，很多时候，在决策时，HR 并不用担心员工不专业或者得出不理性的结论。信息的公开透明，让员工感受到公司政策的制定也是从员工利益的角度出发，所以，让员工参与讨论与员工利益关系密切的政策和制度，会给 HR 政策制度的决策带来极大的帮助。

执行力与创造力需要有机结合

执行力背后体现的是权力意志的落实。权力意志其实很简单，就是希望去掌控别人，希望自己的意志能够让别人遵循。在商业社会起步的年代，那些最初能够获得成功、成为老板的人，有一种非常强烈的权力意志。

企业家搞军事化管理，说明他们在很大程度上尝试用我国古代兵法中的方法来治理一个企业。兵法里面有八个字他们特别喜欢，叫“令行禁止，如臂使指”，意思是命令一定要推行下去，不允许做的一定不能做，老板指挥一群中层干部，中层指挥一大群员工，丝丝入扣，中间没有任何误差，就像使唤自己的手指头一样。在管理学上也有一些类似的理论，比如，泰勒提出的科学管理，在很大程度上就是要实现古代兵法中的“如臂使指”，把每个人定义到生产流程当中，让每个人成为生产机器上的一个“零件”，每个“零件”都要服从这台机器的运转逻辑。这种管理思路在早期很大程度提升了生产的效率，但之后也遭到质疑。

其实早在 20 世纪 20 年代末，哈佛大学教授梅奥在芝加哥实施的霍桑实验中就已提出了个人的态度在决定其行为方面起重要作用。但人并不是机器，当尝试把人当成机器、当成零件去管理的时候，结果可能并不理想，也不一定能够提高效率。其实在个人身上，在一个组织内部，除了权力意志以外，还有一种意志非常重要，这种意志叫“自由意志”。权力意志希望去支配、去控制，而自由意志是反支配、反控制的。自由意志就是要突破现有的规定性，不相信已经形成的所谓的格局，或者规律，或者权威。人类之所以能成为万物灵长，可能就是由于这种自由意志的基因特别强大。因为我们总想去突破以往已经存在的，所以我们不断地创新，不断创新的结果是推动了人类的进步。但问题在于，自由意志和权力意志之间会存在冲突。

权力意志与自由意志的平衡是组织内部的关键问题。在一个组织内部，一方面，大部分老板既希望组织有很强的执行力，他说的所有东西大家没有任何借口，都可以做得很好；另一方面，老板又希望这个组织有很强的创新力，组织如果没有创新力，就会被有创新力的对手打败。这两个方面是矛盾的，但大部分老板不一定能意识到，扼杀企业创造力的根源在他自己身上。

在权力意志和自由意志的互相作用下，组织的执行力和创造力是同一个维度的两极。比如，一个组织中的权力意志非常强大，成功抑制住了自由意志，那么这个组织的执行力往往比较强，搞军事化管理就很容易成功，但是这种组织缺乏创造力，因为这种组织所有的创造只来源于老板一个人。相反，如果一个组织充满了奇思妙想，创造力非常强，那么这种组织恐怕执行力很差，每个人都干自己的事，最后会变成一盘散沙。如果一个组织内，既有很强的权力意志，也有很强的自由意志，这两种意志会相互撞击，平衡不好就很容易带给组织伤害。如果一个组织权力意志不强，自由意志也不强，那么这个组织将无所作为。

打破流程制约促进效能协同

大数据、移动化、AI、5G 以及云化广泛影响着几乎所有行业，2020 年全球新冠肺炎疫情的爆发，带动了全社会向线上的迁移，智能技术对人们的生活方式产生了巨大影响，越来越多的企业开始推动重要业务在纯数字化环境中扩展。同时，市场上也井喷式地涌现出很多效率协同工具，例如腾讯文档这类在线协同文档、Zoom 和腾讯会议这类在线协同会议、钉钉和企业微信这类协同办公平台等。

效率协同工具可以通过套件化的形式让企业使用，这样的好处是有顶层设计，工具之间协同性好，但问题是由于顶层设计的缘故，这样的效率协同更多体现在管理流程落地上，在员工侧激发程度不够，员工侧对效率协同工具的兴趣和使用意识不足；同时，效率协同工具也可以采用单品形态，这样的单品形态的核心在于，通过聚焦人性化体验促进企业在某类场景下的效能提升，在这类场景中形成规模化员工认知和员工习惯，再通过员工认知和习惯，影响和改变企业原有低效的管理流程和管理方式，当然也可能带给企业原有管理体系很大冲击，企业管理有可能跟不上员工体验的诉求。

随着企业智能协同意识的不断提升，通过智能技术来打破流程制约，通过人性化体验促进效能协同，成为企业推动组织提效、强化内部发展引擎的重要手段。

企业内部效能打破边界

时代在演进，公司组织类型也在演进，工业经济时代是流程型、职能化组织，数字经济时代是网络型、生态化组织。流程型、职能化组织，倡导的是强流程强规则；网络型、生态化组织，倡导的是弱流程强规则的协同性，通过中台体现加乘价值。

在工业经济时代，如果企业能做到强流程强规则，即管理驱动式，企业一般都会具备很强的执行力，配合清晰的战略目标和良好的商业模式，很容易在经营效益和内部管理上双丰收。但如果企业是强流程弱规则，即官僚驱动式，那么只能依靠老板这个火车头带动企业，在这种模式下往往老板和员工都不满，经营和管理都不顺。也有很多企业采用了弱流程弱规则，即愿景驱动式，这种企业模式的目标不强，人治色彩很浓，非常关注企业内部关系，却忽略了企业生存的压力和环境的变化，员工短期的幸福感较强，长期的获得感和成就感则只能靠企业的运气了。

在数字经济时代，通过数字化，企业可以实现弱流程强规则，通过管理驱动与自主驱动的有机结合，企业变得更有活力和创造力。因此，推动全面立体内外部协同，实现弱流程强规则，挖掘企业经营和管理上的内部潜能，更有效地释放企业潜在效能，成为当今企业在经营和管理上实现成功的秘诀。

这里必须要介绍一下企业微信。企业微信的定位并非企业内部的沟通工具，它更大的价值体现在连接属性上，专门连接企业内外，形成人即是服务的专属连接器，帮助企业在做好内部管理与沟通的同时，还能连接外部客户，实现业务的增长。

企业微信产品掌门人黄铁鸣介绍了一个案例，是有关餐饮行业的西贝莜面村通过企业微信在疫情期间自救的故事。疫情给餐饮行业带来巨大冲击，大量餐饮门店关停，客流量骤减。作为餐饮行业的龙头企业，也是企业微信的老用户，西贝深入借助企业微信连接微信的能力，将门店的餐饮服务转到线上，轻松搭建起自己的食客圈子。西贝让门店经理用企业微信添加食客微信，通过客户群、客户朋友圈功能，持续服务客户，并将外卖小程序挂接到员工个人信息页面中，方便食客随时下单。一位门店服务经理在 2020 年 1 月份用他的企业微信号添加了

3 万多名食客。每天 200 多家门店的客户经理与 9 万多名食客紧密连接，为食客提供线上送餐和食材订购服务。西贝还将商城、微信外卖小程序链接到门店人员资料页里，顾客可以方便地找到购买入口，完成线上预订。疫情期间，西贝的线上营收占到总营收的 80% 以上，企业微信帮助企业提供一对一、有温度的服务，发挥了重要的作用。

企业微信的这种功能还适用于很多行业。零售行业的屈臣氏，在新冠肺炎疫情暴发后迅速组织全国 24 000 多名导购，每天通过企业微信服务 200 多万消费者。通过客户朋友圈、群直播、小程序等，屈臣氏建立了从服务到成交的闭环：导购通过朋友圈发布商品信息，客户有需要可以最快 1 小时闪电送达。2020 年 2 月中旬，屈臣氏通过直播销售，每场有几千元甚至上万元收入，帮助减轻疫情期间的经营压力。借助企业微信与微信的互联互通能力，健身教练能够将企业微信的群直播转发给微信里的学员，学员通过微信就能观看直播，在家跟着教练动起来。

借助企业微信与微信互通的能力，各行各业都能利用企业微信添加客户微信，保证疫情期间服务不间断，快速让业务在线上跑起来，让生意在线上做起来。这种让企业内部员工管理与企业外部的经营业务全面协同的方式，正是体现出企业内部效能的新增长方式，通过有效的工具协同，激发内部员工的参与，让企业突破已有流程和职能属性，打破传统边界，实现面向未来的成功经营，在这个过程中，企业内部的员工也因为自己对企业经营的显性化价值体现，而变得更有成就感、存在感和使命感，也更加自驱。

微软 Viva 通过数字化智能协同提升员工体验

传统 HR 门户基于 OA 办公协同平台，按流程搭建，其目的是固化流程制度，让员工按流程操作，对不同使用者的特殊诉求关注较少。机器人与智能工作台颠覆了传统 HR 门户，从用户视角出发，具有协同开放的描述式产品特性，员工可以自由自主使用它完成工作，同时还能完成与相关同事的协作。然而企业面临的问题是员工体验感会受到很多因素的影响，要考虑很多与员工相关的工作场景，目前来看，还没有哪一种工具或系统可以解决所有问题。

诸如 Workday、Oracle、SAP SuccessFactors 等供应商都试图帮助企业构建一个非常复杂的“员工门户”，实际上它们无法涵盖所有内容。因此，即使企业已经拥有一个集成的人力资源管理系统，也还要考虑其他数百个应用程序，HR 的每个模块都有可能出现多个系统杂糅的现象。HR 和 IT 部门需要一个能够让多套应用系统整合到一起的方法。

2021 年初，微软推出了一种可能会改变企业软件市场的产品——Microsoft Viva 员工体验平台，这是一个基于 Microsoft 365 构建的数字平台，它集成企业现有系统和微软技术，目标是成为员工体验的综合平台。它不仅能为员工提供线上办公场所，还能连接到其他应用程序和系统。微软希望通过员工体验平台 Viva 来提升员工工作时的幸福感和舒适度，并以此提升企业生产力。

Microsoft Viva 包含 Viva Connections、Viva Insights、Viva Learning 和 Viva Topics 四个应用。尽管四个应用的功能和市场上的其他软件有所重叠，但是由于微软在该领域的资源和技术，Viva 可以做到用单一平台满足大部分远程办公需求，这是其他远程办公软件很难做到的。目前国内如钉钉、企业微信等软件都在向这一领域拓展，但是因为工作习惯和技术原因，主要还是用于员工打卡、报销等行政流程，工作上一般使用微信进行交流，视频会议则使用 Zoom、腾讯会议等软件，相对微软的 Viva 平台在全面性上有所不足。

Viva Connections 是一个公司内部的门户网站。通过它，员工可以访问公司内部的新闻、制度公告和员工社区等板块。目前企业的门户网站一般由企业自行搭建维护，有些企业存在维护能力短缺、费用不足的问题，导致其门户网站陈旧、内容更新慢。对员工来说，既然无法获取有效信息就不会经常使用，于是员工 BBS 无人问津。作为公司门面的门户网站因此而“荒废”，这种“荒废”无论对外还是对内都是一种负面宣传。借助 Microsoft Viva 平台，企业就可以节省自行搭建门户网站的时间和维护成本。

Viva Insights 是一种时间管理应用，能够帮助公司员工平衡工作、休息和学习的时间。具体来说，员工可以在上面查看自己的工作计划、时间和日历；团队领导可以查看团队的工作效率、疲惫程度和团队之间的沟通情况。最后该应用会针对相关数据进行分析并提供建议。Viva Insights 还可以分析、汇总 Zoom、Slack、Workday 和 SAP SuccessFactors 等第三方数据。当然，为了保护个人隐私，团队领导只能观看总体数据和其趋势，而无法观看个人的具体细节。

Viva Learning 是一个整合了各种资源的学习库，其面板可能类似于网盘。员工可以通过应用观看 LinkedIn Learning、Skillsoft、Coursera、Pluralsight、edX 等公开课程 / 微课程资源进行学习。Viva Learning 还可集成 Cornerstone OnDemand、Saba 和 SAP SuccessFactors 等管理系统。目前国内针对职场学习的平台还比较少，大多数员工需要在网易云课堂、腾讯课堂、中国大学 MOOC 等平台上查找资源，但这些平台针对的大多是学校课程，职场课程数量少，质量也参差不齐。

Viva Topics 类似于百科索引。它会就工作内容提供一个话题卡片，通过点击卡片，员工可以自动获取工作内容、相关人物、通话视频以及聊天内容等一系列相关信息。这个功能可以减少员工在多个界面切换查找的时间，提升工作效率。

这四个应用并不是各自独立的，比如 Viva Insights、Viva Learning、Viva Topics 等内容可在 Viva Connections 中显示，而 Viva Topics 的卡片里也会包含其他应用信息。微软称，Microsoft Viva 平台的目的是帮助员工提升工作中的参与感、幸福感，提高学习能力并降低知识获取的门槛，因此 Microsoft Viva 将兼容很多市场上现有的办公应用，并且具有高度的扩展性。

近 40 年来，办公效率协同软件的开发商一直在采用集成思维，将制造、供应链、客户关系管理、HR 和财务系统整合到一个集成套件中，像 SAP 和 Oracle 这样的供应商建立了端对端业务应用程序，并成为满足这些需求的“集成平台”。如今，随着科技发展，以及智能技术和移动互联网的影响，企业为员工和管理提供了各种各样的办公应用，尤其是在人力资源管理系统上。研究表明，人事培训部门平均拥有 23 种不同的应用程序，员工必须在各类应用程序中寻找知识，猜测要点击的内容，浪费不少时间。于是本应提高效率的办公应用，却因为种类繁多，员工的工作日常变得琐碎。

从某种意义上说，Viva 是将复杂的工作场所和人们的需求聚集在一起的新一代“集成平台”，这个新集成平台将完全专注于工作中员工的日常需求，还可以整合原本分散的工作工具。当然，Microsoft Viva 平台的推出可能意味着微软生态体系将会和其他所有办公软件进行竞争。

目前众多的远程办公平台中，只有微软的 Microsoft Viva 可以拥有这么丰富的资源和完备的生态体系。Microsoft Viva 未来有很多种可能，它方便简单的理念无疑是比较先进的，很可能引领远程办公行业的发展方向。但同时我们需要注意到，整合度越高、功能越强大，对于平台的技术要求也越高。微软如果想要实现 Microsoft Viva 的商业应用，就需要对旗下众多公司和第三方平台的数据内容进行整合，同时对于员工隐私的保护、保证数据采集的合法性等环节投入大量的时间成本和资金成本，这对于微软来说也是一个比较沉重的负担。

腾讯 MIA 产品助力管理者成功

随着智能机器人的崛起，智能协同将为企业效能提升带来新的模式。腾讯公司的业务这些年快速发展，组织规模变大且日益复杂，因此，腾讯对管理者的能力要求也越来越高，特别是在年轻及空降干部的能力提升上，如何结合数据、科技手段为管理者赋能便成为首要的工作。在 HR 的数据储备以及算法、建模能力都有了一定的沉淀及准备之后，管理智能助手（MIA）

应运而生。

MIA 产品的设计团队涵盖腾讯 HR 体系各业务方，包括活力实验室、HR 的各职能模块和 HRBP、外部专家顾问团队等，团队利用大数据和 AI 技术手段，针对管理场景以更智慧、更人性的方式引导管理者行为，在数据辅助决策、帮助管理者成长上为管理者提供个性化服务。

数据在管理者日常管理工作中的价值非常大，作为一款数据型产品，MIA 首先是要满足管理者随时查看个人及团队数据的需求，其次是通过数据给管理者提供诊断建议。目前，MIA 在数据底层能力建设上，不仅有技术内核的建设（如数据仓库、自然语言处理技术、推荐模型），还有联合共建的管理者知识图谱为 MIA 提供底层养料（如管理预警库、管理行为库、管理知识库、管理工具库）。MIA 产品无缝嵌套在企业微信中，用户可以在私聊时输入自己想要的信息，或者在群聊中 @MIA，MIA 会通过语义识别及知识库的搜索为用户精准推送信息，比如“如何写出高质量绩效评语”“如何与员工做好沟通”“沟通质量的即时调查”等，让管理者通过场景行为牵引，快速找到解决问题的合适方案。

效率是管理行为提升中十分重要的一环，为此，MIA 也会配套一些小工具来帮助管理者提升工作效率，例如群成员日历、任务发布与跟踪提醒、代答模式等。MIA 的日历功能上线后得到了大家的广泛好评，以往在约多人会议、与上级约开会时间以及跨部门预约会议时，都要耗费大量时间去协调，现在只需要简单“@MIA 日历”，就可以轻松看到群里所有人的日历安排，帮会议预定人快速确定会议可选时段。MIA 可以帮助发起任务，并且时刻跟进参与者进度，自动提醒未完成的小伙伴，同时，任务发起人可以自行设置特定进度值的提醒，例如当完成进度达到 50% 时提醒等，这个功能在日常工作中十分实用。

还有一项非常有趣的功能——代答，每个用户都可以自行设置知识库，当用户输入“@MIA 代我回答”时，MIA 便会在群聊内帮助用户调用个人知识库，回答相应的问题。如果在使用 MIA 的过程中遇到了问题，MIA 还支持“@MIA 人工客服”，自动发起与 HR 呼叫中心座席代表的对话，在线即时解答疑问。

未来，MIA 将渗透管理行为全流程，将自身打造得更加丰满。在数据辅助决策方面，MIA 既可以推送数据指标并支持订阅，又可以支持自定义数据推送，真正做到为不同管理者量身定制；在管理行为牵引方面，结合管理者知识图谱的建设和通过大数据手段对管理者画像的深度刻画，为管理者提供精准辅导，并在此基础上沉淀出优秀管理者画像。MIA 依靠知识图谱网络化数据，解决了结构化数据规则需预置的局限性问题，大大提升了 MIA 的互动智能化。科技加速了智能协同的价值释放，让人力资源管理发生极大的改变。

08

第八章

中国企业推行 HR 数字化的挑战

HR DIGITALIZATION MODE

未来已来！HR 数字化转型是一个过程，也是一个结果。这一革命性的变化，不仅体现在以技术为中心的转变和突破上，还体现在组织模式、企业文化、管理理念以及 HR 能力等全方位的变革与升级上。HR 数字化正在从局部场景落地阶段进入全面探索实现阶段，而这也是 HR 战略与组织结构不断匹配、HR 从业者能力不断提升的过程。可以说，HR 数字化转型促进了人力资源管理的整体升级，正是这些与时俱进的升级为组织不断创造价值。

企业数字化转型需要着重在顶层设计、工作组织、基础建设和能力培养等方面发力。例如，通过建立数字化战略体系，将数字化提升至企业战略，持续做好顶层设计，不断完善数字化工作的组织领导，设立专职推动数字化工作的角色，重视数字化地基的建设工作，加强数字化人才队伍的建设培养。HR 在企业数字化转型中，应该承担起更加重要的职责，为企业数字化转型在战略体系、组织能力、人才队伍等方面做好配套工作，创造相比以往工作更大的价值。因此，HR 自身的数字化建设工作也变得越来越重要和迫切，可以说，HR 数字化是企业数字化转型的重要突破点。

外部环境与企业治理的挑战

组织只有具备数字化生存和发展的意识，才能借好东风，搭上中国数字经济发展的快车，而人力资源管理在推动企业数字化认知、引进数字化人才、建立数字驱动型组织上责无旁贷。

加快数字化发展，发展数字经济，不断加快数字产业化和产业数字化，推动数字经济和实体经济深度融合，已经成为全球经济发展的重要趋势。政府大量出台支持政策，国务院国资委专门印发加快国有企业数字化转型工作的通知，为企业数字化工作指明了方向。数字化会产生新的生产力、新的贸易方式、新的组织管理方式，这对正在面临重大环境变化的中国企业来说是一个非常好的发展契机，也是推动企业创新发展、提升核心竞争力的重要途径。

宏观环境呼唤数字化

做大做强数字经济，打造具有国际竞争力的数字产业集群，是我国在“十四五”时期的重大发展决策，推进数字产业化和产业数字化，推动数字经济与实体经济深度融合，将具体体现在：一方面，推动数字产业化，通过数字技术催生新产业，推动数字产业形成和发展。培育壮大数字产业，完善信息通信、软件服务等数字产业链，推动大数据、AI、数字货币、区块链等产业发展，统筹布局一批高水平数字产业集聚区。加快培育数字化新业态，利用互联网整合线上线下资源，支持平台经济、共享经济、众包众创、个性化定制等。发展数字文化产业，拓展数字创意、数字出版、数字影音等数字文化内容。另一方面，加快产业数字化，利用数字技术全方位、全角度、全链条赋能传统产业，提升全要素生产率。大力发展智能制造，实施工业互联网创新发展战略，支持工业机器人、传感器、超高清视频等发展，建设智能工厂、智能车间，发展普惠性“上云用数赋智”，推动制造业数字化、网络化、智能化。加快发展数字农业，普及农业智能化生产、网络化经营，依托互联网促进农产品出村进城。促进服务业数字化发展，加快金融、物流、零售、旅游等生活性服务业和服务贸易数字化进程。

2020 年，新冠肺炎疫情让我们进一步领略到数字经济不断攀升的重要性。在数字经济领域，我们已经看到很多 AI、数字化应用等方面的成果。在此基础上，疫情再次推动数字化的快速发展。如果没有数字化的通信、贸易方式和 AI，目前的经济运作将受很大影响。数字经济领域相关公司的业务也都实现了很好的增长，数字化成为提升企业核心竞争力的重要途径和必然选择。

如何提高发展质量、创造新的商业模式、拥有更领先的科学技术、生产更具科技含量的新产品、获得更持续的利润回报、提升整体竞争优势，从而做大做强企业？加快数字化转型是大家公认的路径。通过应用数字化技术，可以提升客户服务能力、组织能力、技术能力、创新能力、生态能力，并用这些新型能力驱动企业战略升级、适配宏观生态环境，推动企业核心竞争力的提升。

未来企业重要的管理方式和业务发展方式就是数字化，数字化并不是简单的信息传递，它贯穿公司运营的所有环节，企业需要紧跟技术的发展趋势，持续坚持，扎实推进。通过营造全在线、全连接、全协同的数字化环境，将数字化和智能化的手段融入组织关系和生产经营方式的重塑中，企业可以重构客户服务能力和产品创新能力，培育新的核心竞争力，提升企业经营效率，创新发展模式。这将让企业构建起强大的数字生态系统，这个生态系统不但能实现经营管理流程和人、财、物等资源的优化整合，还能与社会、客户、股东等外部资源更加紧密地连接在一起，为开展更大范围的协同协作创新创造条件。

面对全球化压力，中国企业唯有拥抱变局，只争朝夕，紧抓国内经济全面升级的大好机遇，充分利用5G、大数据、区块链、AI、物联网等新一代信息技术，用更强的责任感、更大的努力、更强的创新意识，打造更强的竞争优势。我们身处全社会的数字化转型大潮中，要在全球化的舞台上大展宏图，也要担负更多的责任和使命。相信通过加快推进数字化转型，越来越多的中国企业将真正成为具有核心竞争力的世界一流企业。

管理理念也需要数字化

人力资源管理的首要职责，是研究企业的发展，并找到企业发展的内在驱动引擎。企业越来越关注组织和人，通过对组织和员工群体的激发，获得企业未来发展不可或缺的内在驱动力，这个驱动力能够实现与管理驱动同等的价值，甚至在某些方面会比管理驱动带给企业更多对未来时代的适应力，这个内在驱动力就来自更能适配新型工作的自主驱动引擎。自主驱动引擎与管理驱动引擎相互结合、相互促进，将成为企业内在驱动力的源泉。

西方人力资源管理在理念体系和制度流程上发展较早，对管理意图的识别也更加全面细致，这也是西方的标准化 HR 套装软件以及 SaaS 化产品可以做得很大的原因。

在中国，企业和学界越来越重视研究人力资源管理工作，但由于起步较晚，企业人力资源管理标准化程度很低。同时，中国企业还面临着数字经济时代带给组织管理的新的冲击，为了应对这些管理挑战，很少有企业对 HR 的同一类型事件采用完全相同的做法，所以软件公司需要对每个客户进行定制，这样的 eHR 系统是难以普及做大的。HR 数字化虽然是个信息技术课题，但其重要前提是企业管理体系的专业化和标准化。要想做好 HR 数字化，需要解决的不仅是技术课题，还有完整的管理体系和组织能力的课题。

未来企业治理模式

加快数字化发展，推动数字经济和实体经济的深度融合，是全球经济发展的重要趋势，对于很多企业来说，这既是实现转型发展的契机，也是推动企业创新发展提升核心竞争力的重要途径。在引领企业全面数字化转型的过程中，企业自身的业务特征是朝着多元化方向发展，以适配当下多变和个性化的市场特征。在应对多元化发展时，不同的企业采用了不同的内部治理模式。观察标杆企业在企业治理上的手段，我们发现不同治理模式所体现出来的手段特征差异很大。这些治理手段的不同反映在企业内部人力资源管理上，也能看出人力资源管理的差异化和适配性。

企业内部治理的目标是加强核心竞争力的建设。在数字经济时代，企业不断进行产品和市场的多元化扩张，其实质也是为了提升核心竞争力。在此过程中，不断积累竞争者难以模仿的独特能力，是企业获取竞争优势的源泉。多元化是企业产品差异化的外在体现，而企业的组织管理能力是企业运作标准化的内在基础。外在多元化强调的是分散力量，追求“量的增长”，而内在标准化则强调聚集力量办大事，提倡“质的改善”。如果说实现外在多元化是采用“加法”将企业做大做灵活，那么实现内在标准化是采用“减法”将企业做强做稳健。企业在建设自身治理机制时，通过外在多元化和内在标准化的有机组合，实现企业的战略目标。简单来看，企业自身治理体系的建设有两种典型特征，分别是业务生态管控模式以及业务生态协同模式。

业务生态管控模式

有些企业在公司治理上非常关注内在运作的标准化，即便业务形态已经发展为多元化，仍然强调集团总部对业务生态的统一管控，这样的企业治理模式可以形象地比喻为“1 生 N”模式。在企业的业务管理特征上，“整体孵化和培育个体”的特征显著，尤其是新的业务模式探索过程中，往往先做好顶层设计，实现单点突破之后，再从点到面，将成功模式全面铺开，复制到其他单位，进而整体推进转型过程。这就是我们说的“1 生 N”模式的特征。该模式是企业对自身的业务生态发展的治理模式，重点关注“1”的突破，通过统筹管理、上下联动，将“1”的成功模式推广至“N”，强化总部力量，实现统控全局。

很多企业在数字化转型的过程中采用的也是这样的思路。通过搭建数字化平台，从“点”到“面”推进业务的个性化和多元化。对这类企业而言，由全面集中到分片落实是打造企业数字化的有效途径。配套的HR体系的运营，关键在于流程。用流程、质量、方法来建设流程体系，然后通过一个总管部门来监控每个体系的质量，其管理特征实际上就是“1生N”的模式。

华为把为客户提供完善和及时的服务作为公司存在的唯一价值和理由，这种客户化导向深度融入企业业务战略。如何通过企业内部组织运作和机制保障，实现业务对客户的有效支撑，这是华为人力资源管理体系一直面对的问题。实际上，华为的人力资源管理模式是以实现客户化导向的业务战略为驱动，通过集中设计能够实现这一驱动特质的流程制度和业务体系，并利用IT平台对流程体系进行固化落地，让业务战略得以层层体现。

随着华为业务多元化的发展，在原有单一运营商业务的基础上，新增了业务特性和客户属性差异极大的企业业务和消费者业务，使得客户化导向的业务战略对人力资源管理支撑的解决方案提出了更高的要求，有时会出现公司以前非常高效的运作模式跟不上一线的诉求的现象。于是，华为通过《人力资源管理纲要2.0》，适时推动从“1生N”到“1适配N”的组织治理大转型，要求人力资源管理模式既要体现集中管控，也要有更多的灵活性来适应终端组织在集中管控之外的特殊诉求。华为的人力资源管理体系是华为持续发展的原动力，在管理理念和实践上一直是国内企业的标杆。从《以奋斗者为本》到《人力资源管理纲要 2.0》，华为的管理框架适时而变，始终支撑业务的发展需要。

业务生态协同模式

有些企业在公司治理上推行的是大平台、多前端相互促进的建设模式。在搭建数字化平台的同时，不断围绕用户进行各种业务创新，这些创新的业务又反向影响和改善数字化平台的功能，而数字化平台的成熟完善进一步促进了业务更加灵活的创新创造，真正实现以用户为中心，以强大的平台为依托。这类企业的人力资源管理，需要在灵活多变的业务特征与高效稳健的运作体系间做好平衡，防止两者的矛盾对立，实现两者的动态统一和相互促进。

业务生态协同模式需要人力资源管理推动业务模式不断创新，极大地满足员工越来越个性化的诉求，同时还需要兼顾企业在业务规范、运营效率等方面整体管控的诉求。这就需要人力资源管理通过数字化转型，实现一体化、标准化、多元化和个性化的有机结合。在腾讯管理实践中，HR 数字化就是“1+N”的体系构建。一个自上而下的标准化体系，以及集团层面共享的信息、资源和能力，与N个灵活多元的前端业务场景配合，为组织发展和员工体验提升提供有力的支撑，通过一体化标准化与多元化个性化之间的发酵关系，实现加乘效果，让企业获得更多来自组织效能与组织活力的发展驱动力。

现在很多企业也在效仿这种扁平化、去中心化的生态型组织形式，但效果并不理想，关键问题是背后缺少与新组织匹配的新平台能力，尤其在人力资源管理体系方面，很难支撑起这样复杂的组织运作模式。

在腾讯，“用户为本”是基因。公司的人力资源管理一方面有着管理属性，“自上而下”实现管理意图，助力企业战略的实现；另一方面，关注员工属性，希望通过对用户意图的洞察，让员工有更强的自驱力和自我爆发力，从而提升企业的竞争力。前面提到，这是“双引擎驱动”的理念和实践。而这种实践的落地，需要一个既能在系统配套上满足管理需求，又能够在流程工具方面激发员工的自主性和参与度的平台型底座。这个平台型底座体现在产品和系统上，就是腾讯HR双引擎云中台。

需要HR构建敏捷组织

面向未来，企业怎样建立社会影响力？怎样用数字化技术更好地驱动企业？怎样建立使命驱动型组织，深度激发员工尤其是中高层管理者团队？这是未来组织努力的方向。价值观包容是我们如今在企业里经常谈到的话题。随着社会价值观越来越多元化，企业越来越强调愿景、使命的感召，倾向于建立使命驱动型组织。

过去的管控式模式正在变化。我们看到组织越来越扁平、工作方式越来越虚拟化、员工的个体体验越来越受到重视。怎样用数字化方法支持全新工作方式，比如远程办公，是我们需要思考的。新冠肺炎疫情大大促进人们接受和习惯新的工作方式，比如电话会议已经成为企业内部开会的首选方式之一。

数字化促进了科技与社会的融合，也引发了对于业务生态更多的思考。

新的业务生态下，获客模式将发生变化。社交关系链是一种全新的模式。比如说微信生态，借助用户的熟人关系链条，通过朋友圈、公众号、小程序等渠道触点，牢牢抓住用户的同时，形成以社交流量为依托的服务闭环，实现更好的用户引流。

以电商为例，拼多多是拼购类社交电商的代表，两人及以上用户可以进行组团，用户为了享受更大优惠，会自主分享订单至社交关系链中，由此实现了传播的裂变式增长。这种新的商业模式加强了“去中心化”，让企业内的组织形态也相应发生变化，根据生态特性实现快速“组团”，可能是一种全新的组织管理方式，这也会深度影响人力资源管理，需要企业内的人力资源管理探索应变的同时，做好对业界先进实践的引用和借鉴。

在新的生态模式下，比起在企业内部一步一步按部就班地搭建 HR 系统寻找成功的行业模式，引进轻量、低成本、插件式的 HR 产品能够帮助企业 HR 实现更加快速的跨越式成长。

企业数字化的愿景具体到组织内，就是人类能力和机器能力的融合。比如发薪时，过去 HR 把工资条打印出来，再发给员工；后来，HR 从系统中把数据导出来，通过电子邮件发给员工；现在，算薪、数据提取、发送，整个过程都可以由流程自动化机器人来完成。

未来，企业中人的操作会越来越多被自动化工具、AI 代替。在企业内部，机器和人的协作将会越来越多，比如 AI 面试、游戏化的候选人评估、大数据驱动的人才配置决策等。

HR 是否需要懂技术?

新技术在 HR 领域的应用越来越多，HR 也发现不仅可以利用技术分析企业内部的正式组织，还可以利用组织网络分析（ONA）的大数据技术看到非正式组织。技术赋能 HR，HR 通过技术手段扩展边界，已成为共识，未来需要更多的科技型 HR。现实情况是，HR 数字化过程中，开发人员往往认为市面上已经有成熟的 HR 软件了，自己的开发工作体现不出价值；HR 人员不断抱怨 IT 部门无法真正理解 HR 数字化的核心需求，不能和 HR 一起创造价值。

不得不承认，目前这种两个团队、两种职能的分工形式，很难将技术思维与 HR 的业务思维融合。要求这样两个相互不理解的团队共同为 HR 数字化目标努力，其实很难。部门职责的分工思想来自工业经济时代的管理逻辑。在工业经济时代，HR 研究的主体是标准，目的是管理群体行为，标准行为非常容易通过 IT 架构和系统流程固化来实现，因此 IT 部门也能非常好地把握 HR 部门的管理意图和需求逻辑。随着时代的发展，当下 HR 不但要推动管理意图的落地，还要管人心、理人性。这是一个“人”从被动变为主动，“组织”从经验到数据智能的过程，企业与员工用户对 HR 的要求都有很大的提升。要通过管理信息系统做到以用户需求为核心，为组织及员工提供稳定、可靠、可依赖的 HR 服务，打造体系化、一体化、可持续的 HR 服务交付平台，推动企业内自管理、自驱动和自组织形态的成长，不仅需要 HR 部门具有 IT 团队的技术架构思维，也需要开发团队具有 HR 对业务、组织和人的专业理解和管理意识。

HR 部门和 IT 部门，在 HR 数字化过程中各自的价值在哪里？要找到这个问题的答案，我们不能只从技术眼光去看 HR 信息系统建设，也不能只用单纯的 HR 领域的知识去解读系统建设，任何单一维度的观察只会让结论偏颇，《HR+三支柱》一书对于HR的未来提出了五个“新”：新组织、新属性、新模式、新工具和新能力。“新组织”是指要有一个合适的组织架构来体现 HR 新的能力产出；“新属性”意味着应该对 HR 的工作赋予新的属性，让 HR 的工作更加具有用户属性、产品属性以及好玩属性；“新模式”是指要有科学合理的 HR 新理念，促进企业发展的内在驱动引擎丰富化多元化；“新工具”指要会用先进的工具和手段来提升 HR 管理手段和辅助决策方式；“新能力”要求 HR 在选、育、用、留方面具备使用科技手段促进效能提升的知识和技能。这样的 HR 才能将目光聚焦在用户侧，尊重个性，实现去权威化的自主管理，让组织变得更加去中心化、无边界、敏捷和扁平，让系统从早期的大型化、内部化和集中化变成小型化、外部化和分布化。

HR 系统顶层设计的挑战

企业想要实现 HR 数字化，不能完全依赖 eHR 系统的部署实施。eHR 的核心功能是以 HR 从业者为核心，通过对员工花名册的管理，在入转调离、核发工资、选用育留、人才发展等方面，识别 HR 从业者要面对的问题，将 HR 的纸面流程自动化，利用技术手段控制成本和风险、提升管控能力、简化 HR

操作。HR 数字化的目标体现在“以用户为中心”的信息应用中时，对用户的定义不再是单纯服务于企业的 HR 主管和经理，而是每个员工，即每个员工都可以用、愿意用，让每一位员工都深度应用管理信息系统处理事务。

对于 HR 来讲，组织效能的提升是极其重要的。调研显示，有 95% 的企业使用了人力资源管理信息系统，但这些企业里的管理者和员工对管理信息系统的满意度却越来越低。尤其是在这些系统上沉淀下来的一些数据，大多是结果性、结构性的，很难用来做业务分析和管理决策。那么 HR 怎样才能建设行之有效的人力资源管理信息系统，让系统和数据成为有效决策的最佳辅助呢？这是个问题，也是个挑战。

HR 从业者需要了解组织外部的技术发生了什么变化，而不仅仅局限于了解与 HR 相关的技术。如果 HR 对周围世界发生的科技创新没有超强的感知力，在企业 HR 数字化转型的过程中就很难跟上时代步伐。

HR 需要将新技术嵌入企业 HR 实践，以创造更高效的 HR 流程，同时创造更多 HR 效益。这种技术创新不但能实现 HR 的价值增值，还能创造出更适配 HR 数字化的人力资源管理理念和手段。前端解耦、中台聚能、智能协同的背后，是首先做好系统顶层架构设计。

HR 基础运营的挑战

HR 数字化的核心，是需要通过业务对象、业务过程和业务规则的数字化，夯实 HR 基础运营，在此基础上边用边完善，通过持续有效的数据管理，确保全流程数据的一致、完整及准确，支撑 HR 作业效率的提升和决策质量的提高，通过数字化运营不断提升客户服务价值与用户体验。

业务对象数字化是 HR 数字化转型工作的基础。将业务对象和业务属性（如组织管理、人才供应、人才发展、干部管理等）通过数字手段登记为数据资产，让数据进入系统自动采集，就如同计算机用“0”和“1”描述一切事物一样。需要注意的是，业务负责人要充分参与到业务对象数字化的活动中。

在 HR 数字化过程中，要将更多的业务对象通过数字化手段进行描述，将线下业务活动不断线上化、系统化，通过数据来存储更多的业务信息。这样，数字化转型的工作才会越来越扎实。

业务对象数字化的工作，可以从组织基本信息、员工基本信息，以及组织的生成和调整、员工的入转调离等信息变动开始。同时，要将组织的各种类型（如集团、区域、分公司、全资子公司、投资子公司）以及用工的各种类型（如正式员工、外协员工、人力外包、业务外包、顾问等）及其应用说明清晰。

随后，可以优先做成熟稳定业务的数字化工作，如发薪管理、职位管理、绩效管理、任职资格管理等，之后再考虑招聘管理、干部管理、激励方案管理等。

业务过程数字化是 HR 数字化转型工作的难点。很多企业的人力资源管理系统只是解决了核心 HR 工作的线上化，很多中间过程和执行活动都是在线下完成的，而且因组织和人的各种差异使活动执行不一致，最终导致过程难以数字化。数字化转型需要重视服务过程，逐步将服务标准化、规范化，进而自动化，逐步将系统优化为全场景、可配置、让业务规则与系统充分解耦。要增强工单系统、流程引擎的能力和所覆盖的场景，以提升效率。人力资源工作中涉及的业务规则非常多，将这些规则解析清楚并配置到系统中，是个长期且复杂的工作，而且需要持续运营。由一个专门的规则管理系统来管理 HR 的业务规则、数据规则及权限规则，这样各个系统和 HR 工具产品在应对不同业务场景时，只需通过更改配置就可以实现系统和产品对场景的适配性，这将极大提升工作效率。

敏捷组织与办公协同的挑战

企业办公协同能力

大型 eHR 套装软件，需要依靠咨询服务，注重实施。各类

eHR 厂商和咨询实施商将各种各样的 eHR 系统推送到企业决策者面前，让企业的决策者应接不暇，厂商和实施商都信誓旦旦地说自己的系统能解决企业问题，企业却顾虑重重。中国头部大企业有能力在实施 HR 数字化项目时对比各类方案，它们看尽各种 eHR 套装软件实施和使用失败的案例，最后大多选择自建解决方案，并没有完全依赖 eHR 套装软件。到底哪些 eHR 套装软件好？是否需要自建？如何建？这些问题在 eHR 软件越来越蓬勃发展的今天让企业越来越迷惑。

eHR 系统与 OA 系统似乎永远脱离不了关系。二者的关系集中在数据与审批流，eHR 是否向 OA 直接或间接提供 HR 基础数据，OA 是否全面或部分搭载 HR 的流程，这是两个需要面对的问题。与 eHR 类似，OA 平台的产品供应商也非常多，随着移动终端和新技术的发展，有些 OA 产品推出了移动端版本，也有一些专门做移动应用的产品，移动应用也成为 eHR 的重要能力。

提到移动化、社交化，不得不说微信。微信几乎占领了中国所有的智能手机。在当今互联网时代，微信已经进入人们工作生活的方方面面，而能够与个人微信互联互通的企业微信成为连接 eHR 自助服务功能的较佳体验入口。

如今企业微信已走进了各个企业，企业微信的核心价值是“连接”能力——连接企业内部、连接上下游、连接客户。企业微信有四个核心优点：首先是与微信一致的沟通体验，简单易用，零成本上手，用熟悉的方式工作；其次是与个人微信消息互通，易于添加客户的微信，通过私聊、群聊，向客户提供服务，发表内容到客户的微信朋友圈，更有小程序、支付等功能；再次是有丰富的效率工具与办公应用，集成日程、会议等效率工具及打卡、审批等 OA 应用，提供丰富的第三方应用供选择，还支持 API 接入自有应用；最后是实现全面安全保障，企业微信是国内首家通过 SOC2 Type2[①] 审计的企业办公产品，具有银行级别加密水平，为企业数据安全提供可靠保障。

对于企业微信的使用者而言，企业微信可以实现工作和生活分离，不用再费力地去发分组可见的朋友圈；对于企业来说，企业微信与个人微信打通以后，可与个人微信互相添加好友。重要的是添加为好友的客户信息不会因为员工离职而丢失，而且员工的职位、邮箱等名片信息可以显示在企业微信的个人资料中，这让企业形象更具专业度。另外，企业微信可以为不同渠道分配不同的二维码，可实现不同渠道的客户分类，为后续激活和复购等一系列客户维护活动打下基础，避免在不区分客户的前提下，用微信群发带给客户的不适感。企业微信还可以在群聊中直接发起直播，并分享给群内客户，客户收到邀请可

① SOC 报告是全球公认最具权威性的数据安全审计鉴证报告，SOC2 Type2 审计认证的通过证明企业微信目前已建立强大的信息安全保障体系，可以保护用户隐私和企业数据，其信息安全管理体系得到国际权威机构认可。

直接进入直播页面，不需要再额外下载直播 APP，降低了获客门槛。企业也可以直接发引流红包，引导客户添加运营人员为好友。企业微信后台可记录和查看运营人员回复客户的行为，包括未回复信息、回复信息总数、回复时长等等。它的第三方功能也很强大，企业微信目前有 400 个以上的接口，后续会继续开放接口给第三方，并不断上线新功能。

如今，新技术、新理念、新一代的员工习惯，让企业内部管理信息系统的应用产生了本质的变化，HR 数字化并不是简单上线一个 eHR 管理信息系统，而是会改变整个组织形态和互动方式的顶层架构体系，这个顶层架构体系需要考虑清楚如何更好地挖掘和提升组织效能、如何更好地激活组织和促进协同、如何更好地让员工通过自驱力的提升来增加活力和创造力。HR 数字化的成功，应该体现为企业内部管理构建起强大的驱动引擎，使组织效能获得巨大提升。

微软 HR 数字化助推敏捷组织

HR 数字化转型不仅能在企业 HR 运作体系和组织效能上产生巨大转变，而且能为企业管理理念和企业文化带来根本性的刷新和重塑，这些变化能够让企业拥有更为强大的内部驱动力，再次焕发青春。

微软近几年的再次辉煌就成功诠释了 HR 数字化对企业转型的价值。可以说HR在微软数字化转型中扮演了非常重要的角色。

首先是战略引导。企业要对企业文化和员工思维进行持续的转型升级，引导员工突破传统，拥抱变化，跳出原有格局。同时特别需要强调的是，HR 也需要积极对自身进行能力重组，提升对数字化转型的理解力，具备制定相应战略的能力和推动项目落地的执行力。

其次是数据驱动。对于未来的 HR 工作而言，有三个方面的能力非常重要：技术、业务和数据。数据的作用会越来越大，它可以提升企业在招聘、入职、内部调动、合作、员工敬业度等多个方面的质量。HR 通过个体数据以及企业数据的组合分析，帮助企业有针对性地制定人才策略。

再次是简化流程。在简化流程方面，主要让自助服务更加简化和标准化。例如在移动端做一些探索和尝试，让员工可以在手机端完成请假，在手机端学习，在手机端完成几乎所有事情。需要注意的是，受屏幕尺寸的限制，移动端的应用需要优化业务逻辑，去除烦琐的操作流程。

最后是提升技能学习。学习的内容不仅是员工日常的工作技能，还包括 HR 需要掌握的数字化能力。在数字化转型的过程中，大多数 HR 并不需要学习挑战性很强的大数据算法和 AI 编程，而是要拥有深度思考的能力。HR 作为连接人性和技术的纽带，要推动大数据与 AI 技术的应用，升级人力资源管理，让企业获得更强大的组织能力。

微软认为，经过数字化转型后，每家公司都将成为软件公司，那么如何在全公司形成产品化思维是一大难点，相当于要求公司的内部运营组织也要具有软件开发能力，这样才能实现以产品化思维来改造内部运营流程，使得开发出来的软件既可以服务于内部运营流程，也可以成为产品团队的软件产品。以此为目标，微软将内部运营团队也转型为更高效率的产品与战略组织。在这一过程中，微软的数字化转型路径和四大核心能力可以概括为：客户交互（Engage Customers）、赋能员工（Empower Employees）、优化运营（Optimize Operations）、转型产品（Transform Products）。

首先，微软提出重新思考与客户交互的方法。比如以业务为中心整合流程，让组织中的每个人都能够以客户为中心，关注客户满意度，创建无缝的服务体验，他们还可以创建粉丝群和客户群，实时与客户保持互动，了解客户在使用企业产品时的所思所想，采集真实、高质量的数据，用于创造出客户真正想要的产品。

其次，微软认为全球的数字化和自动化发展水平正在超过组织的技能水平和员工掌握的数字新技术能力，因此需要赋能员工。80% 的组织认为当前劳动力技能与未来业务需求之间的差异巨大，为确保企业的健康发展，必须对员工进行数字技术

"扫盲"，这样，当大面积推广数字化新技术时，可以提高员工的参与度。怎样为员工赋能数字化技术呢？在战略方面，要关注员工的优先事项，关注那些以客户为中心、专注于成长的转型文化；在管理方面，利用数据来了解员工，基于数据做出管理动作；在服务方面，通过创建新的交付系统和模型，简化和提供自服务 HR 工具，让员工有更强的自助服务意识；在数字化技能方面，不断为员工提供相关培训。

再次，微软也提出需要重新思考运营和流程以推动运营的优化。比如可以用物联网和传感器等工具，推动企业新一轮的效率挖潜，以此提升客户满意度；也可以利用数字平台来缩短交付周期，通过实时连通客户现场的设备，并在一系列分散的终端上收集数据，来发现流程不畅的节点，推动交付方式的优化，在客户感知到问题之前，就能预测并解决。

最后，微软认为到了重新思考产品与服务、需要进行产品转型的时刻。第一，可以利用数据进入新市场，调查所收集到的数据是否可以成为进入新市场的关键资源甚至资产，或者是否可为产品工程和服务流程注入数据，从而抓住新的机遇；第二，需要调整商业模式，优先考虑业务敏捷性和新兴趋势，这包括通过数字服务来增强产品价值，围绕传统产品构建数字服务；第三，要让客户成为业务合作伙伴，在数据资产共建共享中寻找与客户的商业利益交叉点，寻找进入新市场的机会，同时降低技术与安全风险；第四，推动不同产品之间新的链接尝试，创造多种产品之间的新价值联系。

微软数字化转型首先带来了工作和技能的改变。知识型员工被认为是从事非常规认知特征工作的人。根据《华尔街日报》调查，从1985年开始，知识型员工的增长达到30%以上，美国经济和更多的企业越来越依赖知识工作者的生产力。AI、机器学习和智能机器人正在改变当前的工作岗位和技能。《技术的本质》的作者布莱恩·阿瑟对“第二经济”的定义是：原来的实体业务正变成数字业务。许多曾经在人与人之间发生的业务流程，现在正以电子方式来执行。它们发生在一个看不见的领域，一个完全数字化的领域。一方面，“第二经济”与伴随其增值和扩散的工具将带来很多好处；另一方面，“第二经济”可能成为无数工作岗位消失的罪魁祸首。随着服务机器人、侍者机器人等的出现，我们看到制造业和行政领域的工作正受到根本性破坏，许多人认为服务经济将成为下一个受害者，但是工程技术类的技能型人才会持续供小于求，在2020年，全球有4 000万的STEM（科学、技术、工程、数学）技术型人才短缺。举个简单的例子，领英有4.3亿会员，在领英上发布的需要具备数据科学相关技能的职位有940万个，而具备数据科学技能的人却只有8万多。波士顿咨询集团指出，在美国，汽车行业对软件工程师的需求预计将激增3万名，是目前该专业实际学位授予人数的 6 倍，进一步加剧了该行业已经非常严重的劳动力短缺。这些数字仅仅反映了美国汽车行业的现状。随着越来越多的企业开始其数字化转型之旅，对此类人才的需求也在不断增长，现有劳动力的短缺将进一步增加企业转型的风险，并可能对这些项目以及企业的整体数字化转型产生重大影响。

微软数字化转型还推动了员工队伍的变化。万宝盛华发布了一份名为《2020 愿景：千禧一代的人才策略》的报告。报告数据显示，到 2020 年，千禧一代成为全球劳动力的中坚力量，占比高达 35%。千禧一代的员工更强调自己的社会化属性，首先是一个社会人，其次才是一个企业人。他们会通过聚集效应和意识形态的力量来改变职场环境和企业文化。与此同时，工作方式正在悄悄改变，千禧一代员工更习惯多元广泛合作，他们的劳动力属性具有前所未有的开放度和灵活性。

微软认为远程工作和移动技术是解决千禧一代管理问题的关键方案，移动办公可以降低成本，提高业务连续性，减少对环境的影响，改善工作与生活的平衡，并有助于吸引和留住人才。数字化转型把员工和团队连接起来，无论员工在哪个地理位置和时区，都能实现无缝的创意共享和协作开发。

为了使一个企业在科技时代实现转型并取得成功，需要一个切实可行的战略进行文化变革。对于千禧一代来说，工作诉求不再满足于解决温饱，更注重自我价值被认可，多样性和包容性成为工作文化和员工满意度的关键驱动因素之一。他们普遍受到新媒体或具有算法推送功能的 APP 的影响，思想动态和诉求难以把握，社会化属性逐渐超越企业化属性。千禧一代更强调具有独立性和灵活性的工作风格，员工不再忠诚于某一家企业，更换工作容易且频繁。这样的背景下，工作本身的意义对员工来说变得尤为重要。他们更加趋向于加入需要培养创新思维、发展新技能并为社会做出积极贡献的组织。

HR 需要重新定义工作和工作场所

AI 通过与物联网、机器人等技术的结合，构建出一个整合的信息化物理世界。未来将有更多的行业和场景运用 AI，许多工作可以通过应用先进技术实现自动化。

随着自动语音识别、语音输入技术的成熟，绝大多数电话销售工作可以让电销机器人来完成。现在已经有多款电销机器人在金融、保险、地产、互联网、贷款、理财、装修等行业应用。电销机器人采用真人式发音，客户几乎无法辨别出是在跟机器人对话。

无人商店纷纷涌现，如 Amazon Go、盒马鲜生都是无人商店的代表。手机扫码、线上支付、后台处理，这一套无人商店模式已经成熟。AI 零售未来极有可能冲击现有的人工零售模式。

许多厂家推出了自动驾驶的概念，无论是真心开发还是造概念，自动驾驶都必将成为未来潮流。现在，有地区已经通过自动驾驶法案。如果发展顺利，未来 10 年自动驾驶可能会取代传统出租司机的工作。

从上述案例可以发现，伴随着 AI 等新技术的发展和应用，工作、工作场所和劳动者都将被重新定义。但是工作本身并不会消失，而是进行重构。在此背景下，关于人和智能机器如何进行有效合作，是企业最需要思考的问题。

重新设计工作

智能化技术正加速转化为企业应用，不仅可以执行例行任务、降低成本，更能创造新价值。过去 3 年中，有 1 000 多家新兴 AI 公司获得了总共 60 多亿美元的投资。[①] 这些投资的范围很广，涉及运输、医疗等许多专业领域，也包括人力资源领域。现在的软件已经能够识别人脸和性别、听懂语音、辨别情绪，还可以解析视频面试文件，从而识别教育水平、谎言和认知能力。已有分析工具能智能遴选面试者，识别员工的职业意向，规划经理人领导力提升培训。这些应用促进了工作的重构，

① 2018 德勤全球人力资本趋势报告——社会企业的崛起 . https://www.fsgplus.com/fsgplus/news/hr_insight/201804/P020180411417156469339.pdf.

带给 HR 新的思考和挑战。具体体现在两个方面：

第一，AI 和人的有效协同。亚马逊目前有 10 万台机器人在工作，可将员工培训时间缩短至不到两天。沃尔玛采用虚拟现实技术有效模拟客户环境，提高店面培训质量。领先企业逐渐意识到这类技术的最大效用来自对人类工作的补充，而不是取而代之。随着 AI 替代人力的方案应用得愈加广泛，人类特有技能的重要性将更加凸显。

第二，工作的重新设计。AI 虽然以更高的效率和质量在替代人的工作，但并不会消除人的工作，而是会促进对智能化和技术有更高要求的职业需求快速增长，也促进员工技能的重塑。未来新的工作需考虑如何利用人机协作模式完成，让两者发挥各自所长。在提高员工与机器并肩工作所需技能的同时，也需要对企业的组织结构、文化和绩效管理措施进行相应的变革。

超连通的工作场所

随着数字化、AI 等技术的不断应用，超连通的工作场所得到快速发展，为员工提供了更加注重团队协作的工具和平台。之前依赖物理环境和地理位置的工作方式，正在逐步被更加灵活和更具效率的方式所取代，也带来了诸多变化。

- 工作场所和协作工具的变化。人们在个人生活中的通信行为和习惯正逐步迁移至他们的工作中，社交媒体和即时通信工具等正在进入工作场所。例如疫情期间企业微信支持多方在线开会，腾讯文档支持分享在线表格，实现多任务、多团队协同编辑。

- 管理层领导力的变化。管理者需要思考远程办公模式下，如何更有效地管理团队。必须确定现场管理和远程管理中，哪些因素会直接影响企业、团队和工作任务。这些因素包括文化、通信速度和流程制度。无论是现场管理还是远程管理，制定使个人工作效率与团队和组织的工作效率相匹配的标准和指导准则都变得越来越重要。

- 团队合作效率的改变。员工更多地使用通信工具，并非就意味着团队和组织的工作效率会提高，而是需要 HR 部门、信息技术部门等相互合作，建立一个整合了文化、领导力和激励措施的定制化工作环境，从而实现有效协作，达到提升工作效率的重要目的。

超连通的工作场所对场地、技术和员工均进行了重新定义和要求。它需要将高效的移动办公设备与协作工具嵌入日常工作过程中，助力工作效率的提升。在数字化的工作场所中，员工利用便携、可视化和操作性强的移动工具与日常工作进行连接，满足随时随地均可办公的需求。

科技手段将成为HR的重要助力

现如今机器可以执行越来越多的特定功能，协助人们实现各类工作的智能化、自动化，这得益于AI技术的不断发展和应用，比如：

- 机器学习，指自动发现数据模式的过程，即在没有人工针对问题进行编程干预的情况下，赋予计算机自主学习能力。

- 深度学习，是机器学习的一种，采用了神经网络算法，其灵感来自人脑的结构和功能。在深度学习中，由相互连接的模块来运行数学模型，这些模型根据处理大量输入的结果不断调整。

- 神经网络，是参照人脑中神经元活动过程，利用硬件和/或软件进行抽象模拟而成的深度学习系统。到目前为止，这一技术的商业应用包括用于手写识别、语音到文本的转录、石油勘探数据分析、天气预报和面部识别。

- 机器人流程自动化（RPA），指通过软件机器人（或机器人）模仿人与软件应用程序交互的方式来执行日常业务流程。RPA正在被越来越多地应用到人力资源领域，包括工资核算、人才报表、学习助手等。

丰富多样的技术创新，让我们有能力去重新设计工作并实现超连通的工作场所。同时，数据智能化手段的加速成熟，也为 HR 带来了更大的能力想象空间。比如，基于自然语言处理（NLP）和自然语言生成（NLG）的结构化和非结构化数据处理，可以实现机器与人类在自然语言、语音和文本方面的交互；基于知识图谱和语义计算的智能信息搜索和精准推荐，可以实现对数据的各种预测模型的开发和部署，实现数据的高阶分析与概率推荐，以及使用图像分析和贝叶斯网络来识别随机变量的条件依赖关系。

为了能够快速响应市场变化，HR 需要更多地利用新技术开展实践创新，提升敏捷应对复杂环境的能力。在 HR 的选育用留领域，已经有很多应用新技术的实践，比如：

- 人才获取（TA）中的人工智能技术正在迅速发展和成熟，并在核心领域得到广泛应用，例如简历智能搜索和匹配。人才获取 AI 解决方案随其成熟度的不同而异，高成熟度的 AI 人才获取解决方案可以将分类和排名算法、机器学习等技术应用到候选人搜寻和筛选等领域。

- 在过去几年里，随着未来的工作逐步成为现实，相应能力发展变得至关重要，企业学习领域的技术再次迎来创新潮，企业学习市场经历了巨大的变革。下一代学习管理系统、学习体验平台、微学习平台、大型开放式网络课程和程序管理系统不断涌现，并且发展出令人惊叹的虚拟现实系统和评估工具。移动化社交学习工具，例如 3D 眼镜、手环等可穿戴设备，可以提供近乎真实的虚拟培训环境，在提高效率的同时促进团队协作。

- 在高速发展的竞争性市场，实行持续性绩效管理对于公司至关重要，但并不意味着公司要取消当前的绩效管理系统，公司会在此基础之上建立一个全新的可持续的目标设定、指导、评估和反馈流程，例如谷歌推行和实施的 OKR。

- 弹性福利的推广和发展，将健康活动和健康行为的改变与货币和社交激励相关联，构建多种沟通和消费渠道，支持健康活动的全员参与。员工整体的健康情况仪表盘和管理报告驾驶舱的出现，使薪酬福利管理更为透明化、更具针对性。

- 随着公司透明度的上升，会催生出实时调查系统、情绪分析软件、组织网络分析（ONA）以及自动反馈工具，它们共同构成了一套完整的监控与管理系统，组织会变得更为健康。

可以预见，在未来的几年里，随着技术的不断发展和应用，HR 领域将迎来更多的功能重构与业务创新。

09

第九章

数字经济时代 HR 的变与不变

HR DIGITALIZATION MODE

每一个时代都有翻天覆地的变化，大到世界秩序和社会经济结构，小到企业管理模式和组织运作理念。在不同时代的变换中，保持不变的是对生产力的激发和释放。生产力是人们生产物质资料的能力，它表示人们改造自然和征服自然的能力，反映人和自然界的关系。构成生产力的基本要素包括劳动对象、劳动资料和劳动者。其中，劳动资料中最重要的是生产工具，它是生产力发展水平的客观尺度，是划分经济时代的物质标志。如果说工业经济经历了蒸汽时代、电气时代、信息时代这三个典型阶段，那么数字经济正在经历着互联网时代、数据时代、全真时代①。

时代的变换推动人类社会不断演进。数字经济时代，很多东西都在改变，其中一个非常大的改变是管理的很多理念和功能发生了调整，这在某种程度上将引起人们对人力资源管理的重新思考。当新的组织结构和新的经营管理模式出现，人与组织的关系实现重构，人力资源管理就需要建立起新的思维体系，以适应组织内外部环境的变化。

---

① 2020年腾讯CEO马化腾提出了全真互联网概念，认为虚拟世界和真实世界的大门已经打开，无论是从虚到实，还是由实入虚，都在致力于帮助用户实现更真实的体验。

从人力资源管理的视角来看，移动互联网有利于信息的即时传递、消除组织沟通的物理距离和管理的数据化、平台化、去中介化、去中心化、多渠道化，从而促进组织结构和人际关系的扁平化。在这种范式里，人的主观能动性得到充分的调动，HR“心理属性”也开始被关注，组织更加重视满足人才需求，以调动员工个体心理特征中的积极因素，从而促进素质的提升和确保潜能的发挥。

人才是组织的内部客户，人力资源管理要关注客户的个性化需求。如同腾讯所提出的，人力资源管理要有产品属性和好玩属性，让员工互动、参与设计、获得体验价值。我们的HR产品及服务要关注人才的个性化需求，向人才提供个性化的产品服务，使工作娱乐化、娱乐工作化。

企业经营管理的核心理念将更多地强调人才价值的共创共享，在一个产业生态中，人才可以发挥自身作用、围绕客户创造价值，并参与到价值的分享过程。在利益这个“饼”上，大家不再是零和博弈的关系，而是共创共享的关系。尤其是在产业互联网时代，不同参与主体相互协作，企业更需要关注人才生态圈的重要性。未来人力资源管理的发展将会呈现生态化的趋势，组织围绕满足客户需求的目标将人才聚合，组织内外部实现生态共享。在这种条件下，无论是平台化的组织还是具有综合能力的人才，都能享受到人才聚合所带来的积极效益。

当前，先知先觉的企业积极探索基于 HR 的数字化转型，在实践中 HR 将数据的应用价值最大化。他们基于用户需求和体验，采集在人员发展和组织运行过程中生成的重要数据，以科学化的手段推动实现组织内部 HR 智能化管理。数据越有痕，管理越无痕。“无痕管理”体现的是人性化的管理，是真正以人为本的管理。人永远是构成生产力的核心要素，HR 推动管理无痕，且能激发人的自驱力和创造力，这是数字化对管理的价值。

在人力资源管理领域，组织变革、价值重构、能力升级，一直是不变的主题。

HR 三支柱理念推动 HR 组织变革

近些年，中国企业在运营管理中不断创新和尝试适合企业发展的管理理念和运作模式。三支柱模型源于西方的探索。华为、海尔、阿里巴巴、腾讯等是国内最早一批实施三支柱的企业，它们将这个西洋产物中国化。在《HR+三支柱》这本书中，我们可以清楚地看到这几家企业的探索和尝试，从企业的发展历程、架构设计，到 HR 战略上的举措，都有深度解读。这些企业的业务高速发展，人力资源管理面对前所未有的挑战，也正是这种挑战带来了探索和尝试的机会，让管理得到发展和演进，让企业继续行走在成功的道路上。

HR 三支柱的核心是组织的理念升级

HR 三支柱的演进让以人为本的人才客户化导向真正落地。人才服务可以为企业创造新价值，而不是提供附加价值。市场竞争的环境变化对人力资源管理提出了更高的要求，关注人才的需求，让员工更多地参与到人力资源管理产品的服务和设计过程中，是新时代人力资源管理发展的趋势之一。

互联网时代，员工跟客户之间的界限模糊了，员工也是客户。腾讯很多产品的第一批体验用户就是员工，人才客户化的过程让员工享受到了更好的客户体验，同时也推动员工为企业创造更大的价值。

由于人才的个性化特征凸显，新一代的员工更加倾向于合作型的企业文化，希望工作、生活能够融合而不是平衡，且追求自我价值的实现。越来越多的企业开始重视内部人才的个性化需求，将人才当作客户，赋予他们更大的灵活性。在企业内部管理的过程中，用服务客户的理念来将员工用户化，将 HR 的工作产品化、场景化、服务化，这将是企业成功聚才的法宝。

HR 三支柱也是共享经济在人力资源管理领域的实践，正是 HR 三支柱模式推动了开放的人力资本生态共享。共享经济理念的出现，同时结合 HR 行业的用户属性、产品属性的创新实践越来越多，推动了人力资本增值产业链的生态共享。具体而言，共享包括 HR 从业者与多企业的共享和企业与企业间的共享，它所体现出来的这种含义是 HR 产品跨界渗透的结果。目前的企业管理软件、人力资源管理软件，CRM[①]、云，还有数据挖掘、深度学习、迁移学习等产品和技术手段，都有可能共享，融合产生围绕人才管理的终极含义，造就人力资本增值产业链的繁荣。

人力资本增值产业链的生态共享，一方面是指企业与 HR 从业者的开放关系，另一方面是指企业与企业之间的开放关系。当然，最常见的关系是企业与 HR 第三方服务机构的关系，这也会造就 HR 第三方服务提供商新一轮的春天。

开放的人力资本生态共享，意味着无论是组织与人，还是组织与组织，都将实现链接，推动 HR 服务更加容易获取和更加灵活。未来，组织内外也将涌现出大量的跨界合作，不同的主体之间的界限日益模糊，最终实现人力资源管理的价值共创，这也必将驱动 HR 第三方服务机构的“大洗牌”。

另外，HR 三支柱撬动了 HR 数字化的发展趋势。目前非常多的技术理念可以应用到人力资源管理领域，比如卷积神经网络算法模型，已充分运用在人才的识别、招聘以及干部的选拔

① CRM（Customer Relationship Management）指客户关系管理系统。

方面。HR 在技术领域的储备还是非常丰厚的。在数字经济时代有可能出现一种情况，就是企业在建设 HR 数字化进程中，并非一步一步阶梯式成长，而是跨越式地进入数字化领域。轻量级、低成本、插件式的 HR 产品不断涌向市场，能够让企业 HR 数字化实现快速跨越式成长。

当然，中国企业真正要推行和创新 HR 三支柱模式，还要留意几个前提条件。

首先，企业的管理理念必须是能体现出创新与人力资本驱动的，如果一个企业仍是粗放式的人力资本和资源投入，没有真正把人才作为第一战略资源来看待，推行 HR 三支柱的土壤就不成熟，即便实施也难以落地生根。

其次，企业需要加大对人力资源管理信息化的重视。以前企业认为人力资源管理信息化花销不菲，实施困难，成效难保，但现在类似腾讯 HR 助手，轻量级、低成本、插件式的 HR 产品不断涌向市场，能够让企业 HR 数字化实现快速跨越式的成长。现在很多企业连基本的人力资源管理信息化平台都没有，员工的基本数据也少得可怜，核心原因还是在于不够重视。如果没有这些数字化的工作作为基础，那就谈不上汇集员工的结果数据、行为数据、过程数据以及心理数据。组织信息化是基础和前提，没有信息化的人力资源管理平台，大数据便没有了依据，成了无源之水、无本之木，HR 三支柱也不可能实现预期的价值创造。

最后，人力资源管理者要自我反思需要修炼哪些未来的能力。目前搭建了 HR 三支柱的中国企业中真正能跟老板对话的 COE 专家不多，真正能够通过自主设计人力资源管理政策、机制去影响整个公司经营的高端 HR 人才不多，而既有人力资源管理、管理咨询经验，又掌握大数据分析、数据库、系统开发等技能的交叉人才更是严重紧缺。

“自组织”发展趋势

组织设计一直是人力资源管理领域的一个重要命题。在移动互联网时代，技术的快速发展在给企业注入活力的同时，也给传统的组织设计带来巨大的冲击与颠覆，传统的直线职能制逐渐被新的组织结构取代，员工的权责利等方面也相应地发生变化。

“大企业平台 + 小公司精神”的自组织趋势，越来越受到关注，实践领域的探索也层出不穷。技术的发展为互联化、灵活的小团队提供了具有强大支撑作用的平台，公司可以基于业务发展和客户的需要，以项目制的方式组建团队，并授权团队完成相应的任务。尽管平台模式早就存在，但互联网时代的到来为这一模式的兴起提供了巨大的推动力。

如前所述，当前互联网企业的项目式小团队特征尤为明显，如阿里巴巴的“大中台，小前台”、腾讯的 FT（特征团队）、韩都衣舍的小组制，还有蜂巢式组织、阿米巴组织、倒三角组织、合弄制组织、裂变式组织等等。事实上，企业更像是由不同类型、不同规模、不同业务方向的各种小团队构成的组织，各个小团队以项目为导向，团队成员之间通过高效协作，致力于共同目标的完成。待项目结束后团队随之解散，人员流动至新的项目中。

团队的项目运行往往依靠“大平台”的支撑，一方面，小团队需要从平台端获取项目所需的产品技术资源和大数据决策支持，从而灵活、精确地对接和及时满足客户的需要，直击客户的痛点；另一方面，“大平台”有效聚集了小团队的共享资源，保证沟通的直接顺畅，减少信息的不对称，在提升效率的同时，激发员工的工作积极性，企业内部逐渐形成有序的管理机制。

有别于互联网企业，传统企业更多的是垂直控制型的管理方式，在组织的开放性、组织结构的有序性以及对外部环境的适应性等方面需要进一步调整。在不确定的时代背景下，传统企业的整体变革会有很大的不确定性，但又必须适应环境的变化，因此就需要将组织变成无数个自组织，其产生的协同效应能量惊人。海尔的“小微”、华为的“铁三角”、温氏的“经营作战单元”等都是面向未来的自组织的转型探索，为传统企业未来的组织结构调整提供了很好的借鉴。

总之，对于人力资源管理来说，一方面人力资源管理要参与到适应时代特征的组织设计中来。这种基于互联网时代特征的自组织探索，无论是新兴的互联网“平台 + 项目”模式还是传统企业的自组织化管理，其实都是在实现对传统的主动突破，从而使组织自适应外部环境变化。实质上，这种有序的机制依托于组织对人力资本价值的重新定位以及相应人才战略的调整。由于市场的不确定变化明显，在某种程度上，这一模式有效地保证了人才对市场需要的响应，使人才能够适应组织战略目标的需要，为价值创造提供更好的服务。

另一方面，新的组织形式会进一步影响人力资源管理。由于组织形式的调整变化，人才管理也显现出新的特征，组织需要根据新的结构设计和发展目标重新界定人才战略，针对不同来源、不同类型的人才制定相应的策略，更好地挖掘新型组织结构下人才的价值，推动人才的积极性和自驱力。

这里提到的“大企业平台 + 小公司精神”，强调的并不是企业规模大小。大企业平台的“大”，是指要让企业（无论规模的大小）在自己的行业空间内，利用社交化、网络化、新技术打造出跨界的影响力，使自身具备大平台的特质；而小公司精神的“小”，是指在反应速度、创业精神、业务导向和管理环境等方面有小公司这样灵活高效的状态和特性。

HR战略与组织结构的升级

数字化HR转型不仅是人力资源管理的全新探索，而且已经成为企业的核心战略。为了快速响应新的商业环境和外部变化，越来越多的企业重新设计面向未来的组织，实现传统组织架构的转型突破。纵览近30年全球总市值排名前十的企业，可以看出企业变迁的趋势在由传统资源型工业企业转向创新型IT企业，华为、腾讯、阿里巴巴的出现，让互联网时代中国企业与世界上的其他企业站在了同一起跑线，这些企业所践行的HR三支柱的人力资源管理模式，本质上是HR体系的一种重塑，从组织模式的角度协助企业构建未来HR的能力。人力资源管理在以人为本这个主旋律上不断进行变革和创新。

华为、腾讯以及当前所有中国企业都处在大变革、大颠覆的时代，人力资源管理理念在变，内外部客户的需求在变，甚至一些常识也在改变。在这种背景下，人力资源管理如果被动地适应变化，前景堪忧，只有主动求变，在变化中大胆升级，才能生存、发展，创造更大的价值。

近年来，跟随着这些企业的探索脚步，HR三支柱已经成为国内很多企业在组织模式上的新方向。HR三支柱的转型和落地实施，不仅是对企业 HR 组织结构的创新，而且是管控模式的创新。

HR 三支柱模式在中国企业中流行的原因，是中国企业在不断探索适配企业发展的新生态 HR。传统的 HR 专业职能管理一般分为“选、育、用、留”，或者是招聘管理、绩效考核、培训与开发、组织发展、薪酬福利、员工关系六大模块，这是按照 HR 工作的职能属性来划分的，一直以来，各模块相互独立，协同为企业人力资源管理服务。

HR 三支柱模式相比原来的职能体系，更强调人力资源管理的成功及有效产出，即人力资源管理能够带来更多的价值释放，助力企业目标的实现。

HR 三支柱模式带来了组织重构，职能模块嵌入三支柱模式的每个支柱之中，即每一个支柱都从事与人力资源管理职能相关的招聘、培训与开发、绩效管理、薪酬福利、员工关系等工作，但三个支柱在完成人力资源管理职能工作时的侧重点有所不同。HRCOE 更侧重思考战略层面的解决方案，HRBP 需要基于对业务的深入了解，实现战术性落地，而 HRSSC 则致力于效率的提升和流程优化，对事务性的工作进行整合、标准化处理，并且在逐步演进中，通过 HR 共享服务产品交付，为用户创造价值。

在变革的时代，人力资源管理在主动求变、大胆升级。HR

新生态体系的设计与建设，从表面上看体现为HR三支柱这种组织架构变革，其实是HR价值的重新定位和HR理念的变革升级，需要HR能力和HR技术一同重构和升级，而这种重构与升级并不是一个企业的事，是整个行业和产业生态的事，需要共享共建，共同繁荣。

所以HR三支柱的组织转型理念，强调的是HR的进化能力和不断的自我革命与升级。HR三支柱本身其实是一个符号，而不是一个组织架构或是一场运动，因为组织创新与企业发展的核心主线并没有发生本质变化，核心仍然是推动企业持续成功，只是工作的思路方法和工作价值定位需要与时俱进。

如何对人力资源管理的价值重新定位，如何设计和建设适应新生态环境的HR体系，帮助企业走出泥潭、持续成功，这是所有企业家和HR从业者都要思考循证的问题。

微软从2000年开始经历了长达10多年的经营疲软，几乎所有人都预感它要步摩托罗拉或是诺基亚后尘时，微软任命了新的CEO萨提亚，他非常重视内部员工的价值和成长，注重员工的主观能动性，鼓励挑战自我，在危机时刻能大胆用人。此外，他非常重视公司文化建设，敢于不断调整和重塑公司文化。萨提亚说："我要改变的不仅仅是公司的商业策略，还有公司的文化以及员工的思维。"通过几年的努力，萨提亚成功地将微软拉回快车道。

华为 HR 价值链围绕价值创造、价值评价、价值分配设计，在内部建立高度一致的奋斗者价值观，保证组织持续向前的动力。《华为基本法》提到，将“认真负责和管理有效的员工”视为华为最大的财富，“尊重知识、尊重个性、集体奋斗和不迁就有功的员工，是我们事业可持续成长的内在要求”。

腾讯以一种内部管理充分市场化、推动员工与组织自驱的经营方式，来保持内部业务生态的充分竞争。腾讯重视人才发展和创新，鼓励内部人才流动，并建立各种培养、激励机制。腾讯 CEO 马化腾提到，腾讯视员工为企业的第一财富。对于腾讯来说，业务和资金都不是最重要的。业务可以拓展，可以更换，资金可以吸收，可以调整，人才却是最不可轻易替代的，是最宝贵的财富。

这些企业实现持续成功的根本，是组织管理与人才资源无论是在理念还是在实践上，都能领先时代半步。而在这个过程中，推动组织与人才资源建设的人力资源管理价值被赋予了新的含义。

传统意义上，人力资源管理在企业中的价值在于通过招聘、培训、考核、激励、调整等一系列过程，为业务发展创造附加价值，为企业发展保驾护航。如今，人力资源管理的价值在于通过持续打造最匹配战略的组织架构，吸引、保留和发展优秀人才，助力业务成功和员工成长，确保这些人成为公司战略落地可信赖的合作伙伴，为企业持续成功创造资源价值。

这也迎合了企业资源基础理论的提法。企业资源基础理论的核心是企业的竞争能力以及企业在竞争环境中的定位，企业从外部环境转向内部资源，通过占有和挖掘这些能够产生竞争优势的资源来确立自己的竞争地位。

HR 数字化让 HR 价值重构

HR 数字化拓宽组织效能边界

传统的管理驱动使 HR 的 IT 流程系统化、管理工具化。自主驱动的提出，让 HR 系统有了更强的生命力。生命力主要来自四个方面的新特性：首先，智能化让 HR 产品越来越聪明，符合千人千面的特征。其次，平台化让产品有更强的用户化，通过柔性方式形成广泛的链接。再次，社交化能实现有针对性、易触感的互动。最后，要娱乐化，有传播性、好玩的系统和产品更容易让年轻人接受。职场年轻人更容易接受的是偏娱乐化的而非管控性的系统工具。这样的系统工具，能增强 HR 现有的能力、延展 HR 未来的能力。优秀 HR 的能力还能突破企业边界，帮助企业构建生态型人才战略。

在数字经济时代，企业在 HR 数字化建设进程中，可以跳过阶梯式成长阶段，跨越式地进入数字化这个领域。人力资源管理的技术产品在不断进步，类似腾讯 HR 助手，轻量级、低成本、插件式的 HR 产品不断涌向市场，能够让企业 HR 数字化实现快速跨越式的成长。我们所认为的 HR 数字化的成功，标志应该体现出双引擎的理念，带给企业一种新的驱动模式，让企业发展得更快、更稳健。

相信越来越多的插件式 HR 产品，通过开放链接，让企业能够轻松探索更多的 HR 产品乃至跨领域产品，丰富产品图谱，增强云生态活力。技术的发展可以推进服务的升级，HR 新技术的引入为提升企业管理和员工服务带来了更多的可能性。云时代的今天，多租户和 AI 已经成为炙手可热的名词，人脸识别、自然语义识别、机器学习与神经网络算法等已经突破概念阶段，开始走入人们的生活。图像文字识别技术（OCR）应用到多个产品中，其中最典型的案例是“E 入职”。员工入职前在移动端完善资料，基本信息直接通过简历解析带入，之后员工只需完善少量信息。该技术可以智能识别证件、银行卡信息，从而提高填写效率。从传统的线下排队入职，到材料提前准备，无须等待，光速入职，“E 入职”不仅节省了企业人力，也优化了员工体验。

智能算法已经渗入腾讯 HR 助手的各个环节，如简历智选，不仅可以根据岗位要求、面试官喜好智能地推荐简历，剔除无效简历，释放人力，同时还能自我学习，优化算法，提升匹配度。培训课程推荐算法可以智能推荐课程，定制化课程并检验培训效果。招聘质量分析可以验证招聘策略正确性，对招聘人才质量进行评估。员工稳定性智能分析可以分析员工的稳定性，并进行预测和报警。

数驱型组织为企业培养超级员工

HR 数字化成功的标志，应该是让企业真正形成数驱型组织，将关注人的思路有效落地，通过培养超级员工，企业和员工彼此成就，共创共赢。

世界上的大企业发展到一定规模都会遇到大量难题，尤其是以下两个：一是职能部门越来越庞大、越来越僵化；二是员工失去创业精神。无论是企业的领导者，还是首席人才官，其领导力真正体现在不断挖掘推动企业发展内在的各种驱动力。2013 年腾讯 CEO 马化腾讲过一句话，“希望腾讯既具备大公司的特性，又要具备小公司精神”。话虽简单，却是对管理思维和管理模式的一种打破。这种辩证的逻辑，也是不断挖掘和发现企业发展内在驱动元素的动力。

随着科技的进步，技能的更新换代越来越快，这也使得员工不断提高自身技能变得至关重要。有研究表明，未来企业最需要的能力将是：解决复杂问题的能力、认知能力和社交技能。但大多数企业员工的职业道路和技能的发展并不完全匹配。企业学习市场正在蓬勃发展，各种各样新的自主学习工具进入市场，员工能够以前所未有的便捷方式查找内容、学习课程和分享信息。随着免费学习内容的爆炸式增长，企业应将内部和外部学习资源无缝整合到自己的平台上。随着企业对员工的技能要求不断提高，相信市场上会有越来越多、越来越新的学习产品出现。当终身学习、碎片化学习等理念逐步流行的时候，HR 产品供应商在不断应用新的技术提升学习体验、扩展学习渠道的同时，还需要注重学习内容的创新。

超级员工不仅充满求知欲，还非常渴望自我价值的实现，这主要体现在关注个人对组织的贡献和对他人的影响。腾讯有一个员工体验官团队，这是由腾讯 HRSDC 发起的一个公司内部的非正式组织，成员来自腾讯不同的部门，采用自愿报名的方式。他们的定位是做民间的 HR，洞察并反馈身边员工的声音和意见，体验新产品和新政策，从员工视角提出自己的想法。比如在公司全面推动 OKR 时，为了让体验官更加身临其境地进入场景和角色，HR 的同事们设置了“剧本体验”，让他们以角色扮演的方式在 OKR 系统中进行完整操作与互动。通过“剧本体验”，各个角色的体验官在一天之内就提出了 42 条建议，挖掘出很多项目组之前未关注到的问题。HR 业务的同事评价说："体验官团队就是检验我们产品和政策的试金石，凡是有新的产品计划推出，都会希望第一时间接受员工体验官的检验，便于从更多维的视角对产品和业务理念的落地进行完善。"同时，体验官团队在体验过程中也有很大的收获与成就感，有体验官反馈其最大的感受就是，"我是通过指出产品 bug（缺陷）接触到这个组织的，觉得这个角色很贴合我这个找 bug 能手的特质。看到不爽的点就反馈出来，还能一起推动解决，代表员工发声，很有腾讯的气质"。

HR 数字化能有效促进企业管理水平的提升

传统雇佣关系正在被新型的多元劳动力生态系统取代，该系统包括各种用工形态、人才网、零工服务提供商以及劳动力市场，过往以企业为主导的传统模式正在向以员工为主导的新型开放模式转变。新型的劳动力生态系统赋予了企业更强的灵活性，在劳动力获取以及探索多用工模式方面，有了更多的可能性。但是，大部分企业在这种新型劳动力（主要指非传统员工）的规划、筛选、激励以及培训发展等方面经验不足。同时，HR 软件市场尚未提供足够的工具帮助企业有效管理非传统员工。

在信息技术高速发展以及人力资源管理理念不断变化的背景下，eHR 产品经历了从面向基础事务流程自动化的管理系统，到以人才为核心的集成化管理系统，再到面向员工的基于云的“参与型系统”和“让工作生活更美好”为主旨的新一代 HR 应用。现在，越来越多的企业希望通过移动化、云、智能化的技术给组织和员工“赋能”，改变管理方式与效率，提高企业的人力资源管理水平，改进企业信息化管理水平和大数据分析能力。我们看到，市场上的 eHR 产品在努力帮助企业提升团队管理效率的同时也在更多地关注个体的个性化需求。

如果企业 HR 系统产品解决方案能够融入自上而下的管理驱动与自下而上的自主驱动相结合的理念，并能在企业中实现系统化落地，这应该是中国企业可以大胆尝试发力的 HR 数字化之路。

时代呼唤 HR 能力升级

未来几年，人力资源管理需要真正通过数字化实现和业务的连接，真正参与到企业的业务运作中，因此 HR 的思维提升和能力升级非常重要。这就需要 HR 总架构师这样的角色，对

HR 组织模式、技术、能力进行整体设计，从而推动 HR 变革、升级和价值创造。具备产品思维、数据意识和端到端业务能力的 HR 总架构师是未来 HR 领域的高端人才。

用产品思维做人力资源管理

实现 HR 客户化、产品化，需要洞察人性与人才需求，真正构建起 HR 产品服务平台，这就要求 HR 有以人才为中心的产品思维。

新生代员工以及知识型员工在思维方式、工作与生活习惯等方面对传统人力资源管理方式形成持续冲击。SurveyMonkey 公司的首席人事官贝基·坎蒂埃里（Becky Cantieri）说："在过去的十年里，我们已经看到更多关注工作与生活融合的概念。"她认为需要创新和前瞻性的方法来创造更加出色的员工体验。换言之，HR 行业的未来取决于员工的体验。借助飞速发展的科技创新，我们可以让人力资源管理在用户属性、产品属性、好玩属性上有更清晰的服务烙印，同时在推动组织与人的自管理、自驱动上有更明确的专业烙印，让人力资源管理真正实现为公司创造 HR 价值的定位。

一批批新生代进入职场，他们崇尚自由，富有情怀，有直截了当的价值观念，有非同凡响的创新理念，也有实现自我价值的追求。作为员工后盾的 HR，应该想尽办法提升员工的工作体验，依靠科技赋能，努力让员工自驱动、自管理。HR 要努力实现科技与 HR 工作融合，通过强化场景思维，利用数字化，让员工有好的体验感和参与感。

HR 要具备数据驾驭能力

数字化变革的一个重要体现是新兴技术的应用和数据技能的升级。HR 从业者不仅要增强数字化的意识，还要培养专业的数据技能。业务活动的数字化、人才配置的数字化、员工体验的数字化、人才决策与洞察的数字化等，都是基于数字化技术实现人力资源管理和决策的科学化。

在腾讯这类互联网企业，这一特征更为明显。如在腾讯内部，HR 每年要接受十几万次内部员工的问询，利用 AI 技术打造智能客服系统后，极大地提升了问询效率，节省了整个公司的人力成本和时间成本。智能客服的启用还解决了一些员工问询敏感问题（如薪酬、离职等）的顾虑。

在社招简历智能推荐项目中，腾讯也尝试在简历搜索、智能推荐等各个环节基于每个用户的行为做个性化推荐。同时用户可以利用坐班车、排队等碎片化时间，在移动端方便快捷地搜索简历。腾讯的社招简历智能推荐项目还将继续向流程上下延伸，如前期电话沟通候选人的意向，把此类简单重复性的工作服务化、工具化，扩大使用范围，为更多人带来更好的体验。

创新型人力资源管理工作，意味着需要更高阶的能力支撑。HR 从业者需要不断培养自己的创新意识、服务意识、产品意识，还要提升数据能力，才能更深度挖掘 AI 的应用场景，依靠专业基础，借助技术的力量，实现数字化在HR领域的“变现”。

HR 领域的数字化，会涉及大量与人相关的多维数据。对员工行为数据的挖掘可能会涉及员工的隐私，为了保护员工的数据隐私，首先，在大数据分析过程中要将大数据信息去身份化，只宜聚合数据进行整体趋势分析，不宜涉及员工个人信息的分析；其次，将员工隐私协议化，可以事先与员工签订数据隐私协议，避免触碰员工的隐私底线；最后，从数据安全、用户权限、透明度三方面推动隐私合规，在权限范围内将数据红利同员工共享，这样既能减少员工争议，也可以使公司规避法律风险。

具有端到端思维的 HR 总架构师

端到端思维是一种工程交付思维，来自华为 IPD 集成产品开发的理念。华为的业务非常重视端到端的交付意识。端到端是指从客户需求端出发，到满足客户需求端，输入端是市场，输出端也是市场。端到端必须非常敏捷、有效。体现在 HR 的运作体系上，就是要对 HR 的业务流程进行变革再造，将原有 HR 选育用留的业务运作模式转变为满足当今时代对质量、服务、灵活性和低成本的需要，为此 HR 业务流程还亟须简化。

HR 总架构师就是多种职位的组合，掌握处理有关问题所需的多种技能，并在其管辖范围内拥有决定权。这能将做决定和实际执行结合在一起，减少延误，降低管理费用，大幅提升对客户的反应速度。

除了职责上的重新定位，HR 总架构师还要在思维方式上打破 HR 业务流程中按部就班的管理逻辑，摆脱严格的线性工作方式，利用运筹学原理，对流程实行非线性管理，使多种工作得以同时开展。这样，流程中步骤间的衔接时间缩短了，不仅工作中的无效等待随之相应减少，也能克服低效沟通的弊端。另外，根据目前市场多样化和不断变化的特点，组织需要使统一的流程具有多变的形式，既要考虑通过多种变化形式的组合来满足不同的市场需求，又要能够让每种变化形式都产生规模效应。每种变化形式专属于同类用户的单个场景，只需要流程处理单一事项，故而简化了流程，也避免了特殊事项和例外事件的频繁发生。这种情况下，业务流程与组织架构两者之间的关系会同以往大相径庭，HR 总架构师需要打破组织结构界限安排工作，突出端到端思维，体现组织的客户导向特征，让组织向市场化、网络化模式发展。

另外，对于管理过程中的检查点和控制点，要做到关键控制点前移，重新设计检查工作的流程，对关键控制点及评审点进行整体检查，最大限度减少非增值的检查和控制工作，这样的流程安排能有效地提升交付质量、驱动目标达成。

最后，HR 总架构师需要清晰地认识到，端到端思维最大的考验是软实力。比如说在 HR 总架构师的胜任力素质方面，要求他能将云、大数据与 AI、移动化等技术移植到人力资源管理，要对组织的利益相关者之间的关系有清晰的认知，能够与利益相关者共同设定目标，找到现实与目标的差距，并能驾轻就熟地进行跨部门的资源整合与统筹落实。这就需要 HR 总架构师不仅熟悉 HR 业务流程、HR 工作职位、HR 组织结构、管理和评价制度及企业价值观和文化，还能对 HR 能力如交付能力、咨询能力、商业能力等提出适应时代的新要求。这些软实力的培养，需要学界、HR 行业以及企业各方面的资源配套，当然，更重要的还是 HR 提升自身人力资源管理认知水平，通过实践培养自己系统创新的能力。

总之，HR 总架构师要以端到端思维为核心，以 HR 组织模式升级为基础，牵引 HR 技术和 HR 能力升级，不断丰富人力资源管理工作的内涵，提升组织模式升级的价值，创造人才资源和组织能力，为保障企业持续成功注入活力。

参考文献

BYRUM J，BINGHAM A.Improving analytics capabilities through crowdsourcing.MIT Sloan Management Review & Report，2016，57(4): 43-48.

Deloitte Global Human Capital Trends，2020.

HESKETH A. Microsoft: The four stages of analytical life: HRBI at Microsoft. (2021-08-26). https://www.cipd.co. uk/images/case-study-microsoft-260516_tcm18-19990.pdf.

EDWARDS M R，EDWARDS K. Predictive HR analytics: Mastering the HR metric. 2nd Edition. New York: Kogan Page Ltd.，2019.

KUIJPERS E，KOOIJ D T A M，VAN WOERKOM M. Align your job with yourself: The relationship between a job crafting intervention and work engagement，and the role of workload. Journal of Occupation Health Psychology，2020，25(1): 1-16.

HASTING S R，MEYER E. No Rules Rules. Penguin，2020.

VAN WINGERDEN J，BAKKER A B，DERKS D. The longitudinal impact of a job crafting intervention. European Journal of Work & Organizational Psychology，2017，26: 107-119.

KPMG. The Future of HR 2019: In the Know or in the No. 2019.

LEVENSON A，PILLANS G. Strategic Workforce Analytics. Corporate Research Forum，2017.

领英：2020 人才趋势报告 .(2020-05-11). https://www.sohu.cum/a/394503218_665157.

LO K，MACKY K，PIO E.The HR competency requirements for strategic and functional HR practitioners.The International Journal of Human Resource Management，2015，26（18）:1-21.

NOCKER M，SENA V. Big data and human resources management：The rise of talent analytics. Social Sciences，2019，8（10）：273.

VAN DER LAKEN P. Data-Driven Human Resource Management. Tiburg University，2018.

PERRY T. Transformational HR：How Human Resources Can Create Value and Impact Business Strategy. Ze Kogan Page，2021.

RIES E. The Lean Startup. New York: Craun Business，2011.

爱德华・德西，理查德・弗拉斯特 . 内在动机 . 北京：机械工业出版社，2020.

陈春花，赵海然 . 共生：未来企业组织进化路径 . 北京：中信出版社，2018.

戴维・尤里奇 . 人力资源转型：为组织创造价值和达成成果 . 北京：电子工业出版社，2015.

丹尼尔・平克 . 驱动力 . 杭州：浙江人民出版社，2018.

德勤空间 . E-HR 产品与技术趋势研究报告，2018.

冯芷艳，郭迅华，曾大军，等．大数据背景下商务管理研究若干前沿课题．管理科学学报，2013（1）:1-9.

高云龙，孙辰．大话数据分析：Tableau 数据可视化实战．北京：人民邮电出版社，2019.

林光明．敏捷基因：数字纪元的组织、人才和领导力．北京：机械工业出版社，2020.

刘凤瑜，等．人力资源服务与数字化转型：新时代人力资源管理如何与新技术融合．北京：人民邮电出版社，2020.

刘雪飞．摆脱负向管理．企业管理，2018（4）.

马海刚，彭剑锋，西楠．HR+三支柱：人力资源管理转型升级与实践创新．北京：中国人民大学出版社，2017.

马海刚．双引擎驱动助力 HR 转型．http://v.qq.com/x/page/13048lntic2.html.

马海刚．腾讯力推“双引擎驱动”管理模式．哈佛商业评论，2020（12）.

孟亮．重新设计工作：基本心理需要、内在动机与激励．北京：中国社会科学出版社，2019.

穆胜．人力资源管理的“云范式”革命．中国人力资源开发，2013（15）.

欧创新，邓頔．中台架构与实现：基于 DDD 和微服务．北京：机械工业出版社，2020.

彭剑锋．互联网时代的人力资源管理新思维．中国人力资源开发，

2014（16）:6-9.

王通讯．大数据人力资源管理．北京：中国人事出版社，2016.

杨国安，戴维・尤里奇．组织革新：构建市场化生态组织的路线图．北京：中信出版社，2019.

杨国安，李晓红．变革的基因：移动互联时代的组织能力创新．北京：中信出版社，2016.

尤里・格尼茨，约翰・李斯特．隐性动机：日常生活中的经济学和人类行为背后的动机．北京：中信出版社，2015.

祝守宇，蔡春久，等．数据治理：工业企业数字化转型之道．北京：电子工业出版社，2020.

图书在版编目（CIP）数据

HR+数字化：人力资源管理认知升级与系统创新 /
马海刚著. -- 北京：中国人民大学出版社，2022.2
ISBN 978-7-300-30014-6

Ⅰ. ①H… Ⅱ. ①马… Ⅲ. ①人力资源管理-数字化
-研究 Ⅳ. ①F243

中国版本图书馆 CIP 数据核字（2021）第 226714 号

HR+数字化
——人力资源管理认知升级与系统创新
马海刚　著
HR+Shuzihua——Renli Ziyuan Guanli Renzhi Shengji yu Xitong Chuangxin

出版发行	中国人民大学出版社		
社　　址	北京中关村大街31号	**邮政编码**	100080
电　　话	010-62511242（总编室）		010-62511770（质管部）
	010-82501766（邮购部）		010-62514148（门市部）
	010-62515195（发行公司）		010-62515275（盗版举报）
网　　址	http://www.crup.com.cn		
经　　销	新华书店		
印　　刷	北京联兴盛业印刷股份有限公司		
规　　格	148mm×210mm　32开本	**版　　次**	2022年2月第1版
印　　张	10.625插页2	**印　　次**	2025年7月第6次印刷
字　　数	188 000	**定　　价**	69.00元